JN122438

人間福祉スーパービジョン研究

2

聖学院大学人間福祉スーパービジョンセンター 編

ソーシャルワーク・スーパービジョンの可能性

柏木　昭

田村綾子

聖学院大学出版会

目　次

目　次

はじめに

　本書は、「聖学院大学人間福祉スーパービジョンセンター」主催の「第23回ピアスーパービジョン」（2019年2月2日）において行われた、柏木昭先生、田村綾子先生による対談「ソーシャルワーク・スーパービジョンの可能性」をもとにまとめられています。

　当センターが主催する「ピアスーパービジョンの会」は、福祉現場で奮闘されている皆さまが、日頃の実践の中で悩んでいることなどを、参加者同士の経験知から学び合い、時に励まし合う場として毎年開催しています。それぞれの福祉現場で迷いながら、悩みながら頑張っている卒業生の声を受けて始まった会ですが、現在は埼玉近辺の事業所等にもご案内し、個別スーパービジョンを受講されている方やその同僚の方など、広くご参加いただくようになりました。同様の悩みを抱えている方に出会うこと、これまでの実践を振り返り語ること、そこで紡がれる対話から生まれる力を大事にしています。

　本書の執筆者であり、対談者のお二人をご紹介させていただきます。
　柏木昭先生は、聖学院大学総合研究所および聖学院大学の名誉教授でいらっしゃいます。当センターの設立当初より顧問としてご尽力いただいており、2020年3月まではスーパーバイザーも務めてくださいました。そして、公益社団法人日本精神保健福祉士協会（設立当時は「日本精神医学ソーシャル・ワーカー協会」）を50年以上前に設立され、現在は名誉会長でいらっしゃいます。
　聖学院大学教授の田村綾子先生は、2018年に聖学院大学の改組で新しくできた心理福祉学部心理福祉学科の当時の学科長であり、日本精神保健福祉士協会の副会長でした。現在は、心理福祉学部長であり、聖学院大学大学院の心理福祉学研究科長です。そして、2020年より日本精神保健福祉士協会の会長を

務めていらっしゃいます。

　本書第Ⅰ章は、日本におけるソーシャルワーカー黎明期を支え、50年以上前に協会立ち上げにかかわられた柏木昭先生と、当時副会長として活躍されていた田村先生の歴史的な対談となっています。

　お二人は特別な準備もなく、「あうん」の呼吸で、会場に集まられた皆さまの顔を見ながら、「ソーシャルワーク・スーパービジョンの可能性」として話をされています。お二人の対談では、「ここで、今」の気持ちをつまびらかに自己開示しながら展開していく臨場感のうちに、ソーシャルワークの真髄、またスーパービジョンにおいて大切な普遍的価値などについて話が深められており、その絶妙さを堪能することができます。お二人の対話から見えてくる"かかわり"をゆっくり感じ取りながら読んでいただければと思います。

聖学院大学人間福祉スーパービジョンセンター長

相川　章子

追記

　執筆者のお一人であり、私たちの敬愛する柏木昭先生は、2023年12月30日、天国へと召されました。当シリーズ第3巻について、原稿の校正を進めておられるところでした。本書では、存命中の役職にて記載させていただいておりますことをお断りいたします。

第 I 章

対談　柏木　昭×田村綾子
ソーシャルワーク・スーパービジョンの可能性

（進行：相川章子）

はじめに

田村：今日は、「ソーシャルワーク・スーパービジョンの可能性」について柏木先生とお話しできたらと考え、タイトルを提案させていただきました。まず、この趣旨をお伝えしたいと思います。皆さんは、福祉の現場で働いていらっしゃって、「これでよかったのかな」とか、「自分の実践って力がついてきているのだろうか」とか、時々不安になったり、またはそういうことを考えることも忘れてしまうぐらい忙しいときもあるのではないでしょうか。私たちソーシャルワーカーは、自分を活用して人の支援をしているわけですから、自分自身を道具として用いるので、そのメンテナンスが必要です。それをどのようにするのかを考えてみると、スーパービジョンは、最も適した方法の一つではないかと思います。

　そこで、スーパービジョンを通していろいろなことができるのではないか、その可能性はどう広げられるか、それをぜひ柏木先生からもう一度伺ってみたいと思います。また、現在スーパービジョンに携わっている、もしくはこれからスーパービジョンを利用しようと思っている皆さんが期待していることや、スーパービジョンでこんなことをしたいという思いなど、この対談の後に伺わせていただければと思います。

スーパービジョンの語義：サポートに徹する

田村：柏木先生は、「聖学院大学人間福祉スーパービジョンセンター」に立ち上げのときから携わっていらっしゃいます。きっと、「それはいいことだから、ぜひやったほうがいいよね」と始められたのだと思いますが、当初はどのような思いを込めておられたのかをお聞かせください。

柏木：このスーパービジョンというのは、何かわかったようなわからないような言葉ですけれども、私たちの仕事に対して、こうしろああしろというような教育指導、あるいは教導というイメージにとられたら困るなと思います。でも、スーパービジョンの言葉そのものは、スーパーは「上」のこと、「超」、超特急とかのスーパーで、ビジョンというのは「見る」という言葉ですから、上から見る、上司が部下の仕事ぶりを見て評価するという意味に誤解されやすい。ですから、僕としてはスーパービジョンという言葉をあんまり使いたくないんですね。ではそのかわりにどんな言葉かと……。

田村：先生、それ初耳です。ずっとそう思っていらっしゃったんですか。（笑）

柏木：いや、そういう機会があって気がついたんです。何かおかしいですか。

田村：いえいえ。言葉の定義を考え直すきっかけをいただいた思いです。

柏木：そういうわけで、上から見るという意味ではなくて、僕が別の言葉でずっと言ってきたのは何かというと、「支持」です。支え、「サポートに徹する」という意味で私はずっと言ってきたと思いますので、いま初めてここで言うわけではないです。教導というよりも、私と一緒に歩いているソーシャルワーカーを支えます。

　ワーカーがいろいろ壁にぶつかったり、困ったなと思ったり、あるいは、もう嫌になっちゃったと思ったりしても、それは全く不思議でも何でもないと思います。そういうときに気持ちを訴えることができる人が隣にいたら、あるいは、相談室に行ったら相談できるような仕組みがあればいいなと思います。けれど、仕組みはできてもスーパーバイザーという名前の役割を持って適切に対

応してくれないと、あまり役に立たない。だから、結局自分の同僚から、「今日こんなことがあったんだよ」、「私こんなことがありました」、「もうどうしたらいいかわらかなくなっちゃったし、つくづく私、向いていないんじゃないかしら」ということを聞かされることもあると思います。

　そういうときにいろいろな助言をしてくれる同僚、友達がいると思います。「そんなふうに考えたら、あなたおかしいよ」、「これはこうじゃないの」なんていうことを言ってくれたり、非常に直接的な意見を聞くことができたりしますが、それは、たまたまそういう人がいたからいいわけです。

　でもシステムとして、あるいは組織としてサポートを受けられる教育をし、あるいは導いていくことができるような機会を与えられていないと、ソーシャルワークって本当に難しいと思うんです。

　ソーシャルワークって何だろうとあらためて考えてみると、「面接」ということがあるけれども、仕事は「面接」だけではない。例えば、現在の日本の厚労省が示すようないろいろな制度・政策論的な事柄に疑問を持ってしまうわけですね。そういうときに誰に相談したらいいのか。一般的な誤解からいうと、それはスーパーバイザーと言われる人に聞けばいいと。でも、聞いても的確な答えが返ってくるかどうかわかりません。だからそういうような、教え導くという点でスーパーバイザーを使うというのはちょっと間違ってしまうのではないかと。あるいは事足りないのではないかという思いもあります。

　ではスーパーバイザーは一体何をするのかというと、やはりサポートです。「支持」、「サポートに徹する」ことがスーパーバイザーの役割ではないかと思います。一言で、支えること、サポートに徹するといっても、これはなかなか難しいことです。なぜ難しいかというと、スーパーバイジーが本当に言いたいことが言えているかどうか。「本音はこうだけれども、どうもこの人にそこまで言えないな」という感じを持ったとしても不思議ではないし、そういうことはありうると思います。

　そういうときに本音で語れる、かかわるというのが大事だと思います。本音を伝えることができる"かかわり"とはどういうものだろうということを、私

はずっと考えてまいりました。"かかわり"というのはソーシャルワークの始めだと思います。だから"かかわり"を持たないところで方法だけを尋ねられても、学校の教師が助手に教えるような関係になりかねません。"かかわり"が一つのきっかけというか、あるいはそれが決め手になって初めてスーパービジョンの効果を発揮することができると思っております。

　今日は対談を通して、こういうことはどう考えたらいいのか、あるいは僕はこう考えるけれど先生はどうか、というふうに進めていきたいと思います。まず、最初の切り口、スーパービジョンの語義、言葉の意味を私たちがどう受け取っているかというあたりを二人でやり交わしたらどうかと思っております。

スーパービジョンの関係：「解決」ではなく「共感」を

田村：スーパービジョンの語義ということで、上からではなくてサポート、一緒に歩いている姿勢であるはずだ、と、いま先生がおっしゃいました。並んで、とか、向き合って、とか、そんな目線かと思います。柏木先生のお話を聞きながら思い出したことがあります。それは、私自身がスーパーバイザー養成研修を受けて、柏木先生からもご講義いただき、実際にスーパービジョンをやってみて、そのレポートを出したときのことです。講師も受講者も複数いる中で、たまたま私のレポートの添削担当は柏木先生でした。その添削のやりとりで感じたことを思い出したのです。具体的には、柏木先生はすごく力が抜けている感じがしました。確かに励ましの言葉や、「こういうところはすばらしいですよね」とか、「こういうふうに見ることができたのはいいですね」といったさまざまなコメントをくださいました。加えて、何度かのやりとりの中で、私のレポートの端々について質問いただいたり、それをもとに私がいろいろ考えて、「もしかしたらこういうことだったのかな」「もう少しこうするべきだったのかな」と思考を深める中で気づかされたところがありました。

　そして、スーパービジョンでは、バイジーに気づかせること、気づいてもらうことが必要なのかなと思いました。逆に言うと、スーパービジョンを受ける

バイジーのほうは、そのスーパービジョンを通して何かに気づくとか発見することが成果のひとつかなと思いました。

　このように思ったのですが、柏木先生の今のお話を伺っていると、先生のほうはそんなに意図して気づかせようとはしていないわけです。教え導くことではないですよ、と、2～3回繰り返しおっしゃっていたので。そうすると、先生のほうにはそのつもりはないけれど、バイジーの側は結果的に何かに気づいたり発見したり納得することが、場合によってはあるかもしれないということです。当時、それってどこから来るのだろうかと私は考えました。当時というのはもう10年以上前ですが、柏木先生は徹底的にソーシャルワーカーなんだなと感じました。ソーシャルワーカー魂みたいなものが内におありなので、意識していらっしゃらないけれど、何かじんわりと言葉の奥からにじみ出てくるものがあって、そこで私は気づかされることがあるのかな、と思ったのです。

　私もスーパーバイザーになろうとするときに同じようにできているかというと、もっと意図的になってしまうことを感じます。ここは教えたい、もっとこうなったほうがいいからちょっと誘導したい、といった欲求をどう我慢するか、このせめぎ合いが出てきます。その中で、ああ、自分はソーシャルワーカーになり切れていない、育てたいとか気づいてほしいという、ある種、私自身の思いがすごく出てきてしまうことを感じて、まだまだだなと痛感しました。

　さて、柏木先生の先ほどのお話について、あえて意地悪い聞き方をすると、サポート（支持）しながら本音で語れるようにする、ということは、もしかしたらスーパーバイザーではない人でもできるような気もします。それこそ自分の家族や信頼している友人など、ソーシャルワーカーでない人に向けても、「こんなことがあって本当につらかったのよ」とか、「私、ちょっと自信なくしちゃったな」、「この仕事やめちゃおうかな」と言えるでしょうし、支えてもらうことはできる気がします。

　でも、スーパーバイザーが「サポートに徹する」のとは、おそらく何か違うのではないかと。私としてはまだまだ柏木先生からスーパーバイザーの極意を引き出したいので、もう少しお聞きしますが、この違いは何でしょうか。

11

柏木：やはり「専門性」というのがあるんですね。だから家族とか友達は確かにはけ口にはなりますが、さてその問題の核心にわたって自分の気持ちを吐露する相手ではなさそう、というぐらいの区別をつけて相手にしないと、こんなこと話さなければよかったと後悔することにもなりかねない。

　僕はその辺で、自分の問題の解決を求めて相手を選ぼうとしても、あまりそういう人はいない。こちらの本当の気持ちに接してくれて、しかも客観的なことも見えていて、主観的な気持ちの面も受け入れてくれる。そういう人がいたら奇跡的だと思います。ところがスーパーバイザーはそういう奇跡を行っているのではないか。つまり「解決」ではなく「共感」をキーワードにして仕事をするのがスーパーバイザーの役割であり、寛容性、すでにその辺の立ち位置にいる人ではないかと思います。

田村：「専門性」という言葉が先生から出てきました。お友達やご家族と違って、スーパービジョンをするのはソーシャルワーカー同士だと考えると、ソーシャルワーカーの専門性というものがそこにあるだろうと。そして、「解決」ではなくて「共感」だということは、ソーシャルワーカーの専門性をお互いに持った中での共感ということになるんでしょうか。

柏木：ソーシャルワーカーとしてクライエントに向き合ったときも、それが基本になると思います。問題の解決を教えてやるのではなく、相手の気持ちを受け入れて、「ああ、そうだったの」と言う。僕はこういう言葉はあまり使わないですが、「あなたの気持ちよくわかるよ」なんて言う人もいます。私は言葉に出しては言わずに共感を得るような寄り添いができないかと思っています。だからスーパービジョンの関係というのは、課題は違いますが、ソーシャルワーカーとクライエントの関係に非常に近いと思います。

本音を言える媒体としての"かかわり"

田村：ある種のクライエント体験的なところは、私も柏木先生からスーパービジョンのレポート指導を受けたときに確かにありました。自分の苦労だとか、

これからもっとこうなりたいという思いを理解していただけて、「頑張っているよね」というところと、「ここはまだできていなくて残念と感じているのでしょう？」と、気持ちを理解して受け止めていただいた気がします。それによって確かに力をもらえると思います。そのことが、今度は自分がクライエントにかかわっていくときに、今までの "かかわり" と何か少し変化があるのかもしれません。そこはスーパーバイザーとしては目指すところでもあるのでしょうか。

柏木：一つの目的ではあると思いますが、そういう目的化したプロセスを意識して利用しようとすると、スーパーバイザーはやはり物足りないです。その辺の物足りなさというのは、田村先生も気がついていらっしゃると思いますが、どう思いますか。

田村：先生と言わないでください。物足りないというのは、おそらくバイジーから実践の話を聞いていて、自分がそのクライエントさんとかかわるならもうちょっとこうするだろうなとか、何でそこでそんなふうにしちゃったんだろう、と感じることはあるかもしれないと思います。そういう意味で物足りないということかなと思いますが、一方で私はバイジーのお話を聞いていると、感動することが結構多いんです。特にこのスーパービジョンセンターにかかわらせていただいて、これまで卒業生はあまり多くないんですけれど、外部の方何人か個人スーパービジョンの申し込みがあって担当しました。皆さん、すごく悩んだり、戸惑ったり、後悔しながらレポートを持っていらっしゃるわけです。

　皆さんのお話を伺っていると、そのレポートに出てくる利用者さんに対してそのときはいい支援ができなかったかもしれないですが、私は、この利用者さんはすごく幸せではないかなと思うときがあります。それはなぜかというと、そのバイジーさんが本当に自分の個人的な時間を使って、お金も使ってわざわざここまで来て、ある方との支援について語り、その方のことを真剣に考えているからです。こうした姿を見ると、何かすごく感動するんです。尊いことだと思うし、それだけ考えてもらえるクライエントさんはやはり運がいいんじゃないか、幸せなんじゃないか、と思います。それは目先のいい結果は生まな

かったかもしれないけれども、何らかのかたちで人間的な勇気づけみたいなものがクライエントさんに伝わっていったのではないかと思ったり、それこそこれからまた伝わっていく可能性があるのではないかと思ったりします。物足りないということでは、支援の技術や立ち回り方はまだまだだとバイジーに対して思うことはあるかもしれませんが、一方で何か得がたいものがあるように感じることは多いです。

柏木：ちょっと息苦しくなっちゃったんだけど。（笑）感動と言われましたが、感動をどう伝えるのか。「私、いま感動しちゃった」とおっしゃるんでしょうか。その辺ですね。

田村：言葉でどう伝えるかということですか。

柏木：言葉でというか、感動ですから、その気持ちですね。それが相手に伝わる。言葉でぺらぺら言えるものではないと思うんですけれども、一番難しそうなところですよね。その感動をどう自分の中で片づけていくというか、処理していくというか。コツがありませんか。

田村：それを処理する必要があるかどうか、そして感動したことを直接伝える必要もあるかどうかはわからないんですが、私は確かに先生がおっしゃるように「ああ、感動しちゃったわ」と言うわけではなくて、一番多く言っているとすると、「この利用者さんは（バイジーの）○○さんにこれだけ一生懸命考えてもらえて、何かしら勇気づけになったのではないかな」とか、「きっとどこかで力になっていると思うな」という言い方をすることが割と多いような気がします。だからそれをバイザーとして感動したんだとバイジーが受け取っているかどうかは、言われてみれば確かめたことがないのでわかりません。

柏木：その辺は難しいところだと思いますが、僕はやはりバイジーがそういう言葉をきちんと正直に言ってくれないと困ると思います。

田村：バイジーが。

柏木：バイジーがね。それをどう誘導していくかというと少し語弊がありますが。バイジーがなかなかそこまで踏み切らなくてというか、勇気がなくて言ってくれない。でも逆にやたらにバイザーに依存してくる人ももちろんいると思

います。そういうあたりのコントロール、操縦法で悩むことがありますが、いかがですか。

田村：いつの間にか私が聞かれる側に変わってきた気がしますけど。先生は今、操縦とか、誘導するのはよくないとおっしゃっていたかと……。

柏木：許容の範疇です。

田村：ただただ黙って聞いて、「そうだね、そうだね」とうなずいているわけではないところがあるんだという気がしてきました。

柏木：わかりました。自分の胸襟を開いてということでは、今あなたにそういうふうに言われて思い出しましたが、「僕、眠くなっちゃった」と言ったことがあります。国立精神衛生研究所でのデイケアの話なんですけれど、グループで4、5人のメンバーさんと一緒に、僕がリーダーで、コ・リーダーの女性が1人、この人は作業療法士で非常に感性のすぐれた方でしたが、その方と一緒にやったグループの中で、何か話題が冴えないんですね。僕はいつの間にか居眠りしてしまった。そうしたらその作業療法士が「あれ、みんな。柏木さん、寝てるよ、今」と注意してくれました。僕はびっくりして、はっとして「ごめんなさい、ごめんなさい。寝てましたよね、僕」。そうしたら、「そうだよ、寝てたよ。けしからんよ」と怒る人もいましたし、「いや、そんな場になっちゃっているんじゃないの」と、ちょっとわかったようなことを言うメンバーさんもいました。

　まあ居眠りはお勧めできませんが、本当に自由にやれている、いろいろな意味で、そのぐらい僕は気を許していたんだなと思います。グループが少し動いていって、それから先は眠くなくなりましたけれども、そういうこともあって……。何を僕、言おうとしてるんですか、今。（笑）

田村：何でしょう。今、胸襟を開いているとおっしゃっていましたので。

柏木：そうなんです。自分自身がどう考えているか、胸襟を開いて自分の考えを伝える。今、眠くなっちゃった、とか言いましたけれど、それはちょっと極端な言い方ですが、相手に通じる言葉で自分自身が、ここで今思っていることをきちんと相手に伝える、そういう "かかわり" を持とうということですね。

田村：バイジーの立場からすると、やはり「バイザーにどう思われているのかな」とか、「これでいいと言ってくれているのかな」などと思ってしまうかなと。もっと言うと、私は自分が病院に勤めていたときに後輩が結構たくさんいたので、みんなでグループ・スーパービジョンというのを月 2 回程度やっていたんですけれども、その中でだんだん後輩の皆さんが、もしかしたら私に褒められるためにこう言っているのかなとか、いい評価を得たくて発言しているのかなと思うときがあったんです。

柏木：それはありますよね。

田村：なのでそこを、先生がおっしゃったように胸襟を開いてというときには、やはりいいことも言うかもしれないけれど、時には「それ、違うんじゃない？」と言うこともあるかと思います。そのあたりの兼ね合いはいかがですか。

柏木：そのとおりだと思います。やはり言いにくいことも言えるような、そういう間柄というか、"かかわり"があるかどうかで全部違ってくる。要するに、"かかわり"というのは本音を言える媒体だと思うんです。相川先生、「媒体」って、ちょっと書いてみて。書けるかな。（笑）

相川：これでいいですか、先生。「媒体」。

柏木：そうです、「媒体」。「きっかけとなるプロセス」ですね。そういう経過を自分が果たしていかなければならない。そんなことに気がつかなければいけない、それが最初に言った専門性につながると思います。ワーカーとは一体何なのか。そもそもの役割というのは、どう与えられているのか。与えられた課題に対して、自分がどういうスタンスで立っているのかということは、きちんと意識しなければいけないことだと思います。

　一方、さっき私がグループの中で居眠りしてしまったというのは、そういう自由な雰囲気を持っていないといけないので、大変難しいものがあると思いますが、共感いただけるでしょう。

専門性を持った自己開示

田村：自由な雰囲気というのは難しいし、スーパービジョンはバイジーのほうが楽だと思います。そう言ったらなんですけれど、やはりバイザーのほうが本当は大変で、バイジーは……。何でこんなことを言うかというと、「私はまだスーパービジョンを受けるほど実践をしていません」、「まだ経験が浅いからスーパービジョンを受けに行くには早いです」とおっしゃる方が時々います。でも、スーパービジョンはいつからでも受けていい。スーパーバイザーの側は、やはりすぐにはなれないと思います。バイザーのほうがおそらく大変ではないかと思います。

柏木：今、本当にそのとおりだと思うことをおっしゃられたんですが、バイジーというのは非常に依存的になりやすいのですが、スーパービジョン関係はそういう枠組みにすっぽり二人ともはまってしまうような、そういう関係ではないかと思います。バイザーだけが一生懸命動いて、バイジーが「ああ、そうですか、わかりました。そういうときはそういうふうに言うんですね」というようなかたちになりやすいと思いますが、一生懸命やるのはバイジーもバイザーも一緒です。そういうときには、さっき胸襟を開いてと言いましたが、「僕の言うことを本当に大事にしてくれるのはありがたいと思うけど、それって少し依存的じゃないかという気持ちがありますよ」と。そういう「自己開示」というのが必要だろうと思っています。相川先生、「自己開示」も書いていただけますか。

相川：柏木先生のほうが上手なんですけど。

柏木：素敵な字ですよね。中身がわかればみんな素敵ですから、心配しないようにしましょう。「字が下手でね、私」と避ける人がいるけれど、そんなことはありませんから。

　「自己開示」というのが、自分でも言えるような専門性。普通の会話だとなかなか言えないですよね。友達同士だったり、家族なんてもちろん、自分の立

場はこうだよ、なんていうことを言う人はいませんし、そんなことを言ったら嫌われてしまいます。専門職としての"かかわり"の中で自己開示ができるかどうかということが課題ではないでしょうか。制度の中で専門性を持った人が、自分はこうだよと言って胸襟を開いて相手に伝えることができるかどうかが問われているのだろうと思っています。

田村：そうですね。個人的な人間関係だと、それこそ感情的にどう思われるだろうとか、これで嫌われるかなとか、そういうことをすごく気にすると言えなくなってしまうし、逆に気にせず言っちゃえ、というキャラクターの人もいるかもしれない。でもスーパービジョン関係ではそうではなくて、同じソーシャルワーカーだからこそ、時には言いにくいことも言うかもしれないし、それはまた率直に言うのがいいんだなと、先生のお話を伺っていると納得できます。実際に柏木先生、そういうふうにされていますものね。

　意識されていないかもしれないですが、こんなに品のいい雰囲気の先生なのに、時々「俺は知らねえや」などと、わざと崩した言葉をおっしゃるときがあって。ちょっと言いにくいことをおっしゃるときに割と多いんですけれど。だからそこはあえて雰囲気を、自己開示するために空気を和らげるとか、いろいろ先生の中のご配慮があってのことなのかなと感じるときがあります。意識的かどうかわからないですけれども。

柏木：誤解なさらないでいただきたいんですが、僕は「そんなの知らねえ」という言葉遣いはしませんので。（笑）これも自己開示ですが、もっと上品ですから。

田村：上品です。（笑）わかりました。先生が上品だということは、おそらく全員、ここにいる誰もが合意するので。

柏木：いや、それは理解しなくていいです。（笑）そうなのと、聞いていただければ……。

田村：私が思ったのは、胸襟を開くときに、先生は意図的に演出していらっしゃるのかどうか。ここはあえて自己開示をしたほうがいいかなという演出なのか、もっと自然に出てくるのか。いかがですか。

柏木：演出しています。それが専門性の力量といいますか、経験知というか。やはりそれは否定できませんね。初心者というのは、この人のためになるかどうかなんていうことを考えてしまいますよね。こういう言葉を使ったらいいかな、ああいう言葉を使ったらいいかなと余計なことを考えてしまうから、結局のところ、本来伝えるべき気持ちが伝わらないかもしれないですね。

一人ひとりとの対話の中での "かかわり"

柏木：何か今日、ちょっとおかしくないですか。田村先生が僕に聞いて、一つの課題をおまえはどう思うか、というかたちで続いちゃっているけれども。

田村：そうですか。私も聞かれて答えましたよね。

柏木：そう思っていたから、ちょっと聞いたんです。そういう格好になってしまっているなと。

田村：じゃあ今度、私が答えましょうか。何か聞いていただければ。

柏木：今の問いに答えてください。

田村：今のは問いでしたか。

柏木：問いなんですよ。

田村：余計なことを言ってしまうと、本来聞きたいことが聞けなくなるのではないかと。

柏木：田村先生が僕に一定の課題を与えて、それに僕が答えているようなかたちになっていませんか。

田村：なっていますね。（笑）それは意図的です。

柏木：意識していらっしゃるならば、いいです。

田村：そうですか。

柏木：はい。意識して、少し舵を左に変えてください。

田村：左に変えるというのは何でしょう。

柏木：より自由な方向に。

田村：ああ、もっと自由に話し合うということですね。なるほど。こういうと

ころが先生、お上手なんですよね。

柏木：そうですか。そうやって持ち上げるからいけないんです。（笑）右、左っていうでしょう。「あいつ、右っぽいよな」「左っぽいよな」。そういう意味でのくだらん表現ですから気にしないでください。

田村：今のこの私たちの対談は、ここの皆さんに役立っているんでしょうか。

柏木：僕は役立つと思います。

相川：役立っています。

柏木：はい、役立つと思っています。

相川：まだまだ続けてほしいと思っていますので、よろしくお願いします。

柏木：どうして役立たないと思っているんですか。

田村：私は、今どちらかというと、「スーパーバイザーとしてどう在ろうかな」「これからスーパーバイザーを目指す人にとってどうかな」という意識のほうが強かったと思うんです。お集まりの皆さんもそれをお聞きになりたいのであればいいですが、ご自分がスーパービジョンを受ける側の発想でしたら、「聞きたい話とちょっと違うな」とお感じにならないかと気になったんです。

柏木：僕はあまりみんなのことを考えていないんです。二人の対談ですから、何か課題があったら僕はそう考えていますということはお答えしますけれども。逆にこっちからもお聞きして、先生のお考えを聞きたい。あるいはその気持ちに触れたい。そういう"かかわり"だけしか僕の視野の中にはありません。この人たちのために何か役立つことを言えるはずがないと思うんです。それぞれの関係がないといけないし、それぞれは今までの、自分の価値観で生きてこられたわけですから。これだけの方たちに応えていく必要はないと僕は思うし、できないと思う。

田村：そうそう、また思い出しました。私のスーパービジョンの実践レポートに先生からコメントをいただいた中に、今おっしゃった言葉自体が入っていたわけではありませんが、そういうエッセンスがかなりあったんです。当時、私がそこから学んだのは、「バイジーに何か影響を与えたいと意図しすぎると、かえって本来のところから外れてしまうのだな」ということです。スーパービ

ジョンの最中、自分が「今どうしたいか」「何を考えて何を言おうとしているか」と、そこにもっと集中したほうがいいと学びました。

柏木：そうですね。僕もそう思います。やはり自分が何をしたいかをはっきりと意識できるかどうかが問われると思います。わからなければわからないと言うし、「そんなのわかっていますよ。だけどそこから先へ進めないんですよ」と、そういう課題から気持ちが移っていって、だんだん進化するのではないか。的確なスーパーバイザーがいればの話ですけれど。

田村：的確なスーパーバイザーがいれば。

柏木：的確に言葉を受け取ることができるスーパーバイザーがいればです。やはり課題があって、それをバイジーが聞いてくるんですよね。そのときに、「それはあなた、自分で考えることでしょう。私が代わりにやってどうして答えられる？」という気持ちが伝わっていくと、「ああ、そうだったのか。自分がどう考えているのか、まず考えなくちゃ」と、返っていくと思います。そういうやりとりができることが大事だと思います。バイジーが聞いてしまうと、大抵はスーパーバイザーが答えてしまう。それは一つの自分の人生の価値における考え方で、それを伝えたところであまり役に立たないけれども、その役に立たないものを後生大事にバイジーがありがたがっているというのは、誤れるスーパービジョンだと思います。

　それで今、この場で皆さんのことをちょっと考えていらっしゃると聞きましたが、それはどういう考えなのか。一人ひとりとの対話でしかわからないわけで、どう受け取ろうと自由であろうと私は思っています。全く誤って受け取ったって構わないわけです。僕の意見をおかしいと思いながら聞いていて、家に帰って、「今日はおかしな話を聞いたな。あの人、間違っているんじゃないかな」と考えること自体が大事ではないでしょうか。ソーシャルワーカーに正答はないとよく言いますよね。何かわけのわからないことを言っていますか。

田村：すごくよくわかります。それこそ「考える」ための機会になると、そこから一歩進むことがあるでしょうし、何も得ないより、きっとご本人の成長にもつながるということでしょうね。こっちが意図しない方向に伸びていくのか

もしれないですし。なるほど。

柏木：さて、これから何を聞きましょう。同じような状況が学会の関係の中であって、何かこれとつなげなければいけないと思うときがあるんです。それが今、相川先生に書いていただいた「自己開示」です。僕が今この話を続けていて、あなたの疑問でもあった、「あなたのために何になっているのか、そんなことを考えちゃっているよ」ということを言っても構わない。クライエントのほうも、「いや、いろいろわからなくなっちゃって、私もこんなことかな、なんて考えちゃったり」ということを言えるような"かかわり"をつくっていきたいと思っています。かえって、少し難しくなってしまったかな。

職場での自然なスーパービジョンの可能性

田村：今、先生のお話を聞いていて伺ってみたいと思ったのは……。

柏木：また伺うんですか。（笑）

田村：すみません。やはり興味、関心があって。その思いのままにしゃべるとこうなるんですね。先生は今もクライエントさんとの"かかわり"はあるんですか。

柏木：今はないです。

田村：いつごろまで。

柏木：今はないというとおかしいですが、B型事業所というのがあって、そこでいろいろな相談を受けますが、僕はほとんど答えることがないんです。「いや、それでいきましょうよ」とか、そんなところで。「特に、こうしろ、ああしろと今、言うことはないみたいだ。それでいいんじゃないか。私はそう思うよ」あたりしか言えていないと思います。あまりみんな深刻ではないです。「○○が私のことをいじめる」とか、そういうレベルの泣きっ面に蜂みたいな感じで来る人が案外多いのでね。今、そういう"かかわり"を持ってやっているかと言われると、きちんとやっていると言えないかもしれないです。

　事業所というのは、あそこへ行きなさいという主治医さんからの勧めで嫌々

ながらの人も含めて、来ています。「うちで寝床に寝て、たばこを吸って、缶コーヒーを飲んでという、そういう生活をしているのはよくないよ」と言われているから、そうではない道を受け入れて来ているという人が多い。だから特に柏木に聞いてみようという意欲、意思を持っている人は少ないです。

　その事業所は杉並区のある町の給食サービスで、区民の有志が食べに来てくれるので、そのお総菜を買ってきたり、つくったり、ウエーター、ウエートレスになってお届けするという仕事です。みんな仕事に集中しているので、自分のことをむしろ考えさせないようにする方途みたいな感じになってしまっています。だからこういうやりとりはほとんどやれていません。「それでいいのかよ」と思っていますか?

田村:いえいえ、そんなことではなくて。先生はそこに時々出勤されるのですか?

柏木:週1回です。

田村:ほかには何人かソーシャルワーカーさんがいらっしゃるわけですよね。

柏木:スタッフがいます。

田村:その方々はどうなんでしょうか。先生とは全然違うかかわり方をしていらっしゃる部分もあるかもしれないんですけれども。そこを先生の職場と呼んでいいのかわからないのですが、その後輩の方々にはどんな"かかわり"を日々なさっていますか。

柏木:スーパービジョンという意味では、全く"かかわり"を持っていません。本当に信頼していますので、僕の言っているような意味での対話というのはなされていないですね。僕も給料でももらえばもう少し答えも腰が据わって……。ボランティア活動ですから。(笑)

田村:なぜそれをいま伺ったかというと、スーパーバイザーの研修を受けに来る方々のお話を聞いていると、自分の職場の後輩たちにもっとこうなってほしい、こういう仕事ができるようになってほしい、そのために自分がより上手に指導できるようになりたいという、研修の機会はなかなかないので、自分の職場で育てたいという思いを持っている中間管理職や管理職の方がいらっしゃい

ます。けれど、スーパービジョンというスタンスは、もっとじっくり構えることだったり、後輩や部下の一人ひとりのペースに合わせてどう成長していってもらうか、ということだと思うので。先ほど先生が、「ちょっとそれでは物足りないと思うかもね」とおっしゃったような、まさにそういうところがあるような気がします。

　そのあたりを、スーパービジョン、もしくはスーパービジョンではなくても、どう後輩や部下を育てていったらいいのかが、私の課題なのでお伺いしてみたんです。

柏木：確かにそれは大事な問題だと思います。やはりこういう仕事をしている人というのは、みんな自分なりにやれてしまうレベルで日々を過ごしてしまう。それに慣れているのではないかと思います。ですが、こういう人間関係の仕事をする人は、やはり自分の思っていることを言える、言語化することがとても大事だと思います。普通の会社で書類を書いて、それが仕事になるのとは違いますし、事業所の人たちは対象がちゃんと人間としてあるわけですから、いろいろな反応が返ってきているはずです。それを自分がどう感じているかということぐらいは口にしている、というのがあるべき姿だと思います。

　そういうときに、それを聞いていく人がいなければいけないと思いますが、私の事業所にはそういう役割を持つスーパーバイザーがどうもいないようです。でも仕事はちゃんと成り立っていますので、それはそれでいいのかなと。普通のお店と変わりないのが一番理想的なのかもしれないと思うから、「あなたはスーパービジョンというのをどう考えている？　やりましょうよ」なんて、そういう誘いはしたことはないです。

　むしろそこで働いているメンバーの中で、時々僕に「柏木さん」と聞いてくる人もいますので、コーヒーを飲みながら、コーヒー飲むために行くわけですから、その人の話に答えることはあります。スタッフも、引っ越すとか新しい環境に移ったときに適応困難な人を後押しするという課題に応えることはありますが、人を主眼とした関係というのはあまり持っていないみたいです。今はそういう状況で、僕は特にスーパービジョンをやっているわけではありません。

田村：先生の職場ではそういうことですけれど、精神保健福祉士の現場には、全体としてはもう少しスーパーバイザー的にかかわりたいと思っている管理職や先輩の人たちがいます。でもそれはスーパービジョンというよりは、最初の語義の話に戻ってきますが、もしかしたら少し違う、後輩の育成や部下の指導と、スーパービジョンとを混同して、勘違いされているのかもしれないと感じるときがあります。

柏木：それは僕も今日の話のはじめに言ったとおりで、教え導くというスーパービジョンをしている人が大部分だと思いますし、そういう求めに応えてしまっているスーパーバイザーがいるわけです。スーパーバイザーと言わないかもしれないけれども、ソーシャルワーカーの専門職の人がそういう役割を担っているのかと思います。

田村：そうだとしたときに、言葉の意味は歴史とともにだんだん変化することがありますよね。いつの間にかスーパービジョンというものが、そういう教え導くことになっていってしまうこともあるのですか。

柏木：ないとは言えないと思いますが、どうやって回復していくのか、僕にとっても課題です。何かいい考え方はないですか。

田村：いい考え方というか、多分、体験して「ああ、スーパービジョンってこういうことだったんだ」と気づいていただくことなのかなと思います。

柏木：そもそもそういうスーパービジョンというかたちをとっていかないといけないものでしょうか。

田村：そういうというのは。

柏木：そういうというのは、こういう、我々が今ここで問題にするようなスーパーバイザー―スーパーバイジー関係をきちんとつくって、その"かかわり"の中で相手の気持ちを「共感」していく。よく OJT と言うじゃないですか。On-the-Job Training ですか。「こういうときはこういうふうにやるんだよ」と。そういうことでもないと思うんですけども、大体はそれで済んでしまっているのかなと思うんですね。

田村：職場できちんと業務ができるようにするためには、もちろん OJT も必

要だと思います。必要だと思いますが、スーパービジョンと言った場合、さっき先生がおっしゃったようにサポートしてもらって、受け止めてもらえる安心感があることや、その中で自分が本当に考えたり感じていることを口に出してみること、それが許される場だということ、こうしたところから自分自身で得ることのできるものがあるはずです。それはOJTではなかなか得られない種類の成長のプロセスかなと思います。

柏木：そのとおりですね。僕の今の事業所の中で、給食サービスをやっているメンバー、クライエントの人たちが、いろいろな問題を持っています。今、スタッフは課題があれば対応するという程度なんですね。そのスタッフもいろいろな悩みを持っていながらも、誰にも相談をしないんです。僕がコーヒーを飲みに行ったときに、ちょっと話をしてくれる人もいますし、大部分は、別に僕が行ったからといって活用するという人たちではありません。それを僕がスーパービジョン体制というのを敷こうと思って、「こういうことをやりたいけど、どうでしょうか」と提案をしたことはないですね。むしろ自然なかたちでそういうことができれば、結果としてスーパービジョンになっていったかなということはありますが、あまり組織的にスーパービジョン体制を採用していることはないと思います。

医療相談室の現状

柏木：ただ、病院の医療相談室などは、ちょっと違うと思います。先生はそういう経験がおありですけれども、僕はないんです。国立精神衛生研究所では、「精神衛生研究所だからそんなことができるんだよ。忙しくてそんなことをやっていられないよ」というようなことを随分言われたけれども、医療相談室ではどうですか。やはりそういう必要性があって、患者さんとの関係で悩んでいる人、組織的な事業としてバイザーというのがいらっしゃるんでしょうか。今の状況はどうでしょうか。

田村：そういう病院もありますよね。ただ、もちろん全てではないですし、外

部の人を呼ばずに相談室とかワーカーの中でやっている場合もあると思います。

柏木：それは今でもあるんですね。病院に行ったりすると、医療相談室ではなく医療連携室などという言葉を使っていますよね。つまり医療連携室とは何かとよく思うんですけれども、開業医さんなどと地域と連絡をとって、入院するならうちが引き受けますよという連携になっているのではないかと。退院したら、おたくで開業医の先生によろしくお願いしますというつながりをつくることと混同しているような感じで、今どこへ行っても医療相談室ではなくて医療連携室です。何か元へ戻したいという感じがあるんですけれど、なぜ医療相談室ではいけないのでしょうか。

田村：何ででしょうね。私がいた病院でもそういう声は出ましたが、医療福祉相談室とさせてもらっていました。病診連携とか病病連携といって、病院が他機関と連携することで診療報酬がとれたり、そういうことの意義が以前よりも医療機関で重視されて、それを担う部門ということで連携という語句を使うようになったと思います。ですから、病院が積極的にソーシャルワークを展開しようとする文脈とは違う発想から来た名称だと思います。

柏木：違うというのはどういう。

田村：患者さんの相談に乗ることを重視するというより、病院がそういう部門を設けることによって他機関とちゃんと連携していますよと示す目的だったと思います。

柏木：でもそれは相談機能の中の一部ではないんですか。

田村：ええ、もちろんそう思います。

柏木：例えば、福祉事務所と連携するとか、ワーカーがほかの病院のワーカーと連携するとか、確かにあると思いますが、何で名前を変えてしまったんでしょう。

参加者A：ちょっと発言させていただいてもよろしいですか。

柏木：はい。

参加者A：私も保健医療サービスという科目を担当していましたが、病院に患者さんが集まってしまうので、病院での治療が終わった人は地域の診療所に戻

すと。だから逆に診療所から病院に来るのではなく、大学病院などから地域に戻すということなので、先生方が言っている文脈とは違うのかなと私は思いました。

柏木：地域のどこに行けばいいんですか。

参加者A：ですから病院に来てしまった患者さんを、ある治療が終わったら、これは別に精神科だけではなく内科などもそうですが、また地域に戻そうというような。そのあたりが連携室に行くと、ここにはこういう開業医の先生がいるとか、そういうことで。ちょっと文脈が違うかなという気がいたしました。

柏木：そういう組織的なつながりを持とうということですよね。病院が……。

参加者A：ええ。病院に患者さんが集まってしまうのをなるべく防いで、また地域に戻そうというような。これは普通の内科などでもそうですが、急性期が終わったらまた地域に戻そうというように私は解釈していますし、授業でもそういう話を。ちょっと専門が違うんですけれども、私も長く病院に勤めていたので門前の小僧みたいな。

柏木：医療相談室が地域連携室になったと。

参加者A：いや、それはまた別だと思います。

柏木：別なんですか。

参加者A：ええ。私が勤めていた大学病院は、医療相談室というのがありました。ただそれとはまた別に地域連携室みたいなものがありました。逆紹介を保険点数に乗せるという、なるべくそうやって患者が病院に集まらないで、急性期治療が終わった人はまた地域に戻そうということかなと私は解釈しています。すみません、あまり……。

柏木：いや、わかります。従来の医療相談室もそういう仕事はやっていたわけですよね。患者さんが「こんな薬をもらったけど、どうしたらいいかわからない」とか、「今日、看護師さんにこういうことを言われて困った」なんて相談に来る。これが医療相談の一つだと思います。そこにメディカル・ソーシャルワーカーとか精神科ソーシャルワーカーがいて対応する。だけどそれだけではないと。地域というものを視野に入れて仕事を編み出していきなさいよ、組織

的なシステムとして考えていくという意味が加わっているのではないか。あるいはそれが強くなっているんじゃないかと。名前も医療相談室では事足りないというのは、そんな政策的な意味もあるのかなと思いました。

参加者A：すみません、余計なことを口に。

柏木：いや、ありがとうございました。

質疑応答

相川：それではフロアの皆さんと一緒に、対談の時間もあとちょっとですけれども、質疑応答の時間としたいと思います。ありがとうございます。このまま続きということで、いろいろお感じになられた方もいらっしゃるかと思うので、もう自由にご発言をいただければと思っております。主に「スーパービジョンの可能性」というところから口火を切られましたが、ソーシャルワーク全般、本当にクライエントとの"かかわり"を思い返すような、私なんかは学生との関係なども考えたり、あと、実習におけるスーパービジョンなど、いろいろ考えさせられる時間になりました。どなたからでも。

柏木：ちょっといいですか。田村先生にお聞きしたいんですが、「スーパービジョンの可能性。それは難しそうだな」、あるいは「そういうのをやっているのかよ、あんた方」という問いかけでもあるんですか。

田村：すみません。もう一回質問をお願いします。

柏木：「スーパービジョンの可能性」というテーマを掲げられましたが、「難しいから、本当にできるのか」という意味での可能性なのか、あるいは、「必要不可欠なんだ。もっと強調したい」という意味で、「スーパービジョンがあまりやられていないから、やるべきだ」とおっしゃっているのか。その辺、最初にお聞きすべきだったけれど、一言あれば。

田村：端的に言って、スーパービジョンを広めたいという思いがあるんですね。そのためにどういう方法や仕組みをつくったらいいのかを考えたいのと、もう一つは、今、ソーシャルワークの中でスーパービジョンと言われていますが、

もっと他領域でもスーパービジョンの発想を活用していけるのではないかと思っているので、「スーパービジョンはこういう良いところもある、こんな魅力もある。こうやってもっと可能性が広げられるのではないか」という思いで、タイトルに提案させていただきました。

柏木：何かそれにお応えできないで終わりそうなので、すみませんでした。

田村：とんでもないです。

柏木：では、どうぞ。

相川：最後まで謙虚なお二人ですが……。いかがでしょう。あと5分、質問ももちろんですが少し感想も含めてお時間をとりたいと思います。

参加者B：私が今いるのは地域連携ボランティア支援課というところで、連携という名前がついております。ただ、ここは大学であり教育機関ですので、学生たちになるべく地域に出ていってもらって、いろいろなボランティア活動や地域の行政の方とかかわりを持ってもらうという意味合いでセンターを運営しておりますので、紹介を兼ねてコメントさせていただきます。

　最後のほうでOJTとスーパービジョンって混同しがちだというお話だったと思います。もしかするとOJTはOJTとして、はっきりその場を設ける。もしくはスーパービジョンはスーパービジョンとして今日はしっかりやりますと、ちゃんと現場としては分ける必要があると思いました。それと可能性というお話があったと思いますが、このスーパービジョンの必要性は、ソーシャルワーカーとして働いている人だけではなく、ヘルパーだったり、介護の業種、そういった対人サービスをするところでは、全て通じることかと思いました。

　先生たちから教わったことを私たちがしっかり専門性を持つことによって、このスーパービジョンという言葉をもう一度しっかりとした言葉にしていくことができると思いました。多分、このスーパービジョンという言葉をちゃんと使って広めていくことで、社会全体が良くなると思います。対人サービスにかかわっている人がこのスーパービジョンをしっかりわかることで、かかわる人たちみんなができれば、すごく役に立つことかなと思いました。そういう可能性があると思った感じです。

相川：まとめていただいてありがとうございます。田村さんがもし、この人の感想を聞きたいというのがあれば。

田村：ではCさん、お願いします。

参加者C：自分は全然スーパービジョンと関係ない仕事についていますが、ただ自分は障害者なので当事者であるという立場でお話を伺いました。いろいろメモをとりながら考えたりしていましたが、その中でどうしても聞きたいのが、スーパービジョンの後輩の育て方みたいなことを田村先生がおっしゃっていたと思います。自分の聞いていた話の捉え方として、バイザーのほうはバイジーの方に経験を積んでもらって、成功もあるでしょうけれど、失敗しながら何か学んでいければいいと。それにより成長できるのかと思いました。ただ、バイジーが抱えるクライエントさんの人生って一度しかありません。その一度しかない人生で、もしバイジーさんを教えるというか、共感して解決させようとしていることが失敗に終わってしまったとしたら、そのクライエントさんにとって、人生として明日がないことになるかもしれません。

　多分そこが、普通の会社員の後輩の育て方との違いだと思います。普通の会社員は失敗しても、「次、頑張ります」と言えると思います。クライエントさんの課題対応として、相談して共感してもらって、そこで解決しないと、そのクライエントさんにとっては明日生きていくことができない大きな悩みだったりするかもしれないので、今後、経験が足りないバイジーがどうやって成長していける場があるのか、というのが考えたことです。

田村：今、すごく大事なことを言ってくださったと思います。私もスーパービジョンをしているときにそこがとても気になったんですね。ただ一つ言えることは、そのクライエントさんがバイジーとしかつながっていないことは滅多になくて、ほかの支援者の方たちも周りにいらっしゃり、その中でも支えられていることもあると思います。それと、変な言い方かもしれませんが、スーパービジョンに持ち込まれる課題が、バイジーが何かしなかったら、明日このクライエントは死んでしまうという類いのものはあまり多くなくて、むしろそういうことは職場の中で、それこそ先輩や上司に聞いたり誰かに相談して、いった

31

ん何かしらの対応をしている。ただ、「これでよかったのだろうか」という振り返りをしたいときに、スーパービジョンに持ってこられることのほうが多い印象があります。

　ですので、「次のときは、どのようにできたらいいか」「このとき自分が頑張り切れなかったのはなぜだったのか」と、失敗体験をバイジーさんがしっかり受け止めるためには、バイザーがそこに一緒にいてくれることが力になる、そういう感じかと思います。

　そう言いながらも、私は今この話を聞いていて、やはりバイザーはバイジーの向こうにいるクライエントにも責任を持つという発想も必要かなと思いました。実はさっきそれをお話ししようかと思いつつ時間がありませんでしたが、常に悩ましいところです。さっき柏木先生も、「ちょっと物足りないと感じることもあるかもね」とおっしゃっていたように、「自分だったらもっとこうするのに」とか、「このバイジーはもっとこうしたほうがいいんじゃないか」と、たくさん思うことがあって、それをどこまで伝えるかというのは本当に悩むところはあります。

　大事な指摘をしてくださって、ありがとうございました。

相川：時間になりました。もっとご発言されたかったかと思いますけれども……。柏木先生、田村先生のお二人に大きな拍手をお願いします。どうもありがとうございました。

第 II 章

柏木昭先生が教えてくださったこと

田村 綾子

　2023年12月30日、柏木昭先生がご召天されたとの報を受け、いつかその日が来ることは避けられないと知っていても、まだまだ先だと楽観していたことを痛感しました。本書の制作途中でのご逝去により、最終稿を確認いただけないままの掲載であることをはじめにお断りしておきます。

　本章は、第 I 章「ソーシャルワーク・スーパービジョンの可能性」に関する対談を受けて展開するものですが、部分的に柏木昭先生の追悼のような論調になりましたことをご容赦いただきたく存じます。

はじめに──柏木昭先生のご指導を受けて

　柏木昭先生は、「日本精神医学ソーシャル・ワーカー協会」（現、公益社団法人日本精神保健福祉士協会）の初代理事長であり、現在は名誉会長をされています。精神医学ソーシャル・ワーカー、すなわち現在の精神保健福祉士の間で柏木昭先生のことを知らない者はいないと言っても過言ではない稀有の存在です。その柏木先生に私が「個人」識別していただいた一つの契機は、日本精神保健福祉士協会主催の認定スーパーバイザー養成研修でした。これは、受講者10名に対して講師5名という濃密な研修で、4日間の講義と演習、さらに約半年間のスーパービジョン実践とそのレポート審査を経た応用研修まで7か月間をかけたプログラムです（現在は改編されて1年間のプログラム）。私がこの研修を受講したのは2008年、ちょうど16年間勤めた精神科病院を退職した年の夏のことでした。

　対談で話題にしているように（p.10）、この研修の実践課題として私が行った個人スーパービジョンに関するレポートの査読を柏木昭先生が担当してくださいました（査読者は研修修了時に開示）。本章では、第Ⅰ章の対談に加え、この認定スーパーバイザー養成研修で柏木先生からいただいた「査読コメント」の内容を一部引用しつつ、先生からご教示いただいたことを振り返ってみたいと思います。そこからスーパービジョンの難しさや、一方で醍醐味とも言えるエッセンスを読者の皆さまと共有できればと考えます。なお、上記したように私が研修を受講したのは2008年から2009年にかけてのことで、14〜15年前にいただいた柏木先生の査読コメントを原文のまま引用させていただくことをお断りいたします。

　なお、本章ではスーパービジョンを「SV」、スーパーバイザーを「SVR」、スーパーバイジーを「SVE」と略記しています。

1. スーパービジョンの目的の再考

　第Ⅰ章の対談では、SVの目的について考えています。SVRになろうとする人の中には、職場の部下や後輩等への教育・指導に対する動機や責任感がよく見受けられます。しかし、SV場面でこうした教育的、指導的な姿勢を持つことについて柏木先生は警鐘されています。

1.1 「クライエント体験」について

　柏木先生は対談の中で、「スーパービジョン関係」について、ソーシャルワーカーとクライエントの関係に非常に近いと思うと述べておられます（p.12）。このときに私は、養成研修での先生とのやりとりにおいて、まさに自分がクライエントのように扱っていただいたと感じたことを思い出しました。先生の姿勢は一貫して、私の実践や考察に対して肯定的な関心を寄せ、どうなっていきたいのかを私が自分で考えられる（自己決定できる）ように支持し

てくださったと思います。こうした「クライエント体験」は、その後の自身の精神保健福祉士としてのあり方、具体的にはクライエントに接する姿勢に良い変化をもたらすのではないかと考えられます。

　ただし、柏木先生は、「そういう目的化したプロセスを意識して利用しようとすると、スーパーバイザーはやはり物足りない」と発言されました（p.13）。SVR が物足りなく感じる、とはどういうことか、対談中での私の応答は少し横にそれてしまいましたので、ここであらためて考えたいと思います。その手がかりとして、養成研修で先生からいただいた査読コメントの一部を引用します。（下記の「報告者」とは、研修受講者である私のことです。）

　　SVR としての立ち位置（スタンス）に関連することであるが、報告者はSVE がかかわる利用者の処遇に、直接関与するような立場に立ってソーシャルワーク関係にコミットするようなことは避けるという姿勢を貫いたことは高く評価したい。

やや回りくどい記述のように感じられますが、SVE のかかわっている利用者への支援に私が SVR として直接関与しなかったのは、私と SVE の職場が違ったためであり、SVE のかかわっている利用者に対して私が介入する余地はなかったためでもあります。では、もし同じ職場や地域で、共に支援している利用者さんのことを SVE が SV に提出してきた場合はどうでしょうか。現実には、私がこれまで契約に基づき個別やグループで実施してきた SV では、そうした例はありませんが、同じ職場や同じ地域で SV 契約を結んだ場合には十分あり得ることです。SV の場で聞く SVE の話をもとに、SVR 自身がソーシャルワーカーとして関与すべき事柄を把握したり、それをもとに実際に介入したりすることはあり得るでしょうか。

　同じ職場の先輩・後輩関係で SV を展開する場合、そこで把握した事態が、日頃のソーシャルワーカーとしてのかかわりに影響し、時には SVE である後輩や部下等に代わって自分が（SVR としてではなく）その職場のソーシャル

ワーカーとして関与することはあると思います。このあたりが、OJT と SV の境界を曖昧にするのだと思います。このことは後述します。

　さて、では「クライエント体験」とは何を指し、SVE に何をもたらすのでしょうか。

　柏木先生が対談で語っておられるのは、SVR の役割は「支持」、「サポートに徹する」ということですから、クライエント体験とは、このように支持される、徹底してサポートしてもらえる、という体験のことではないかと思います。つまり、クライエント体験とは、SVE が SV の場で、SVR に対して本当に言いたいことを言えているかどうかを指すのではないでしょうか。こうした SVE の語りを支えるためには、SVR は SVE に注視する必要があると思います。もしも、SVR の視線（関心）が SVE を通り越してその向こうにいるクライエントの方に注がれてしまうと、SVE と SVR は、共にクライエントにとってのより良い支援を考えるスタンスに陥るかもしれません。あえて「陥る」と記述しましたように、これは、SV ではなく、事例検討であり、ケア会議の構図です。そこでは SVE が自分の本音、例えば、クライエントのことが嫌いだとか怖いといったマイナス感情や、連携する他職種への苦手意識や所属職場に対する不信感などを表現することよりも、具体的な支援方法や適用すべき制度サービスの検討が優先されていくことを意味します。

　柏木先生は、対談の冒頭で「"かかわり"というのはソーシャルワークの始めだと思います。だから"かかわり"を持たないところで方法だけを尋ねられても、学校の教師が助手に教えるような関係になりかねません。"かかわり"が一つのきっかけというか、あるいはそれが決め手になって初めてスーパービジョンの効果を発揮することができると思っております」と語られました（p.10）。実に正鵠を得た結論を最初にお示しくださっていたことを、私は対談の逐語記録を読むなかで気づかされました。精神保健福祉士というソーシャルワーカーが実践するスーパービジョンであればこそ、SVR は SVE と"かかわる"ことができるはずだ、その"かかわり"こそが SVE に SV の効果をもたらすのだ、という言葉には、精神科ソーシャルワーカー（以下、PSW）の原

理と言える"かかわり論"を構築してこられた柏木先生の自負とPSWの実践
への信頼が込められていることに、遅まきながら深い感銘を受けます。

1.2 SVEの「気づき」について

SVの効果や目的として「SVEの気づきを促す」といった表現をよく見聞き
します。私自身もSVの中でSVEに「気づいてほしい」と意識してしまうと
きがありますが、この姿勢には引っかかりも覚えます。いかにもSVRが先に
正解を持っており、または知っていて、そこにSVEを導こうとしているよう
な印象を持つからです。一方、教えられて知ったことは忘れやすいけれど、考
えたり感じ取ったりしてわかったことは自己の深いところに定着するので忘れ
にくいため、SVEにはこのような「自分で気づく」体験を提供したいと企図
するのもまたSVRらしい願いであると思います。この点について、SVR養成
研修中の実践で私は苦戦したというか、答えめいたことをSVEに教え伝えた
くなる誘惑にどうあらがうかが大きな課題だったことをレポートに記載してい
ました。対する柏木先生の査読コメントは以下のとおりです。

> 「気づかせる」ことは、予想以上に難しく、待つことの大切さと困難さを
> 痛感した、とあるがSVEに「気づかせる」ことは実は一番難しい課題であ
> る。しかしこの困難さをSVRが自覚したのはSVの経験の作用であろう。
> 「待つことの大切さを痛感した」とあるが、これはSVとしての過程の中で
> SVEと共に学んだ貴重な成果である。

SVRはSVEと共に学ぶもの、という柏木先生の示唆に触れながら、当時の
SVEが必ずしも私の意図通りのことに気づいたわけではなく、私には気づけ
なかった発想を披歴してくれたり、お互いの考察を往還して到達できた新たな
視点があったりしたことを思い返しました。このように、SVEと私は共に学
ぶ関係性にあったのです。「気づかせる」といったおこがましいスタンスでは

なく、SVE らしい気づきのプロセスに伴走するのが SVR であり、そこから SVR もまた学ぶのだということを再認識させられました。

　さて、対談では、もっぱら SVR としてのあり方を中心に展開していましたが、柏木先生からは「気づかせる」といった SVR 側の意図を持ったようなご発言はありませんでした。これは先生のポリシーと言えるのかもしれませんが、以前、先生は SV に限らずクライエントとのかかわりの記録や原稿執筆、さらには教育現場でも「せる」「させる」という使役助動詞を用いないようにしていると伺ったことがあります。格好良くてインパクトのある発想として記憶しており、私も先生を見習ってこの姿勢を貫こうと思いながらついつい忘れがちになります。

　「気づき」とは、そもそも第三者が意図を持って相手にもたらすようなものではなく、SV においては、対話を重ねるなかで SVR、SVE のいずれもが偶然出会える体験であるはずです。あるいは、SV 中だけでなく、クライエントとのかかわりの最中や職場で支援記録を書いているときなどに、「あっ、そうか」「なるほど、こういうことか」と、不意にもたらされる気づきもあるかもしれません。対談の中では柏木先生は、SVR がすべきなのは、SVE への「気づき」の促しやそこへの導きではなく、SVE が自分で考えることを支えることだとおっしゃっています（p.21）。つまり、SVE が考える作業を一人だけでするのではなく、SVR がそれを支えるということです。そこで SVE なりの気づきがあれば、SVE は自分で考えることによって一歩進むことができたという実感を得られます。これこそが SVE に自信を与え、次への意欲につながることでしょう。柏木先生が「進化」という言葉を使っていらっしゃるのも意味深く響きます。

　SVR としては、SVE が自分で考え成長するプロセスを阻害しないようにしながら寄り添って歩みたいと思っています。この過程で寄り道にも付き合うのが「待つ」ということかもしれませんし、一緒にゴールへたどり着けるようエネルギーを保つために SVE を支える役割があると思います。SVR にサポーティブな姿勢が求められる理由はここにあると言えるのではないでしょうか。

1.3 SVRの邪念について

　私が研修受講者として先生からいただいた査読コメントに、以下のような記述があります。

　　毎回の振り返りシートにおいて、「SVの実施によってかかわりの方向性を見いだすことができたかどうかを評価してもらうことにした」とあるが、かかわりの方向性を見いだすことがSVの一義的な目的ではない。デッドロックに乗り上げた、さてこれからどうするかご教示願いたい、といった依存性を強化する危険性があるばかりではなく、同時にSVRの側にも指導し、誘導することがSVの役割として潜在的に形成されかねない。したがって振り返りシートはスーパービジョンには不要であり、かえって誘導による暗示効果を生む危険性がある。

　これは、私が毎回のSVセッション後に、SVEに記載してもらうよう依頼した「振り返りシート」に関する言及です。私たちソーシャルワーカーは、養成課程における実習の段階から「振り返り」という言葉をよく使います。これは自分の態度や言動を省察する、自己点検することによって、より良い実践をしようと模索する姿勢の現れであると思います。この姿勢をSV後においてもSVEに課そうとしたものでしたが、柏木先生のコメントを味わいながらよく考えると、自身のSVがどれだけSVEに好影響を与えることができたか、それを知ろうとするこちら側のエゴが働いていたことに気づかされます。加えて、先生がSVE側の「依存性」にも言及されたことで、こうしたSVR側の意図は暗黙のうちにSVEにも伝わる、つまりマイナスの相互作用を生むリスクへの考慮が喚起されました。

　特に、「誘導による暗示効果を生む危険性」という厳しい言葉が用いられたことに着目しましょう。SVRがSVEに好影響を与えたいという思い——私はこれを「SVRの邪念」と呼ぶことにしています——にとらわれるとき、勘の

良いSVEがそれに応えてくれるのを経験したことがあります。ここでSVRが気分を良くしてしまったり、SVEの求めに答えて教示することが良いSVだという思い違いが強化されかねません。

　そこで、私は、認定SVRになって以後、SVで「振り返りシート」の類いは、SVEが主体的に提出してこられた場合に次回SVセッションで活用する以外では一度も用いていません。それは、この柏木先生のコメントから以下のような気づきを得たことによっています。

　1回のSVセッションは個人SVで約90分、グループSVで約120分を目安にしていますが、そのセッション中には「言語化しきれなかったこと」が、SVEにもSVRにもあると思います。SVEが言語化しきれない要因の主なものとしては、SVRからの問いかけ方が不適当であったり不足したりしてSVE自身が考える道筋をつかめないこと、またはSVRの過剰な発言によりSVEの発言できる時間が不足することなどが考えられます。一方、その場で必ずしもすべてを言語化しなくとも、SVEには、立ち止まって考えたり、あとからSV場面を反芻したりして、じっくり考察し直すといった時空間が必要かもしれません。振り返りシートの活用は、そうした機会の提供になるのではないかと考えられます。

　そこで、SV後の時間に、SVEが振り返りシートを用いてSVRの言葉やSVセッション中のやりとりを思い返して再考することを促進できれば、SVの効果はより大きいものになるのではないでしょうか。しかし、ここでよく考えるべきなのは、これらはSVR側の思いにほかならないということです。SVが効果的なものであってほしいという強い願望、それはすなわちSVEに対する過度な期待を意味します。仮にSVEがそれに気づき、期待に応えようとする余計な努力をさせてしまうとしたら、これはSVEの成長の促進というSVの目的からそれてしまっていることになるのではないでしょうか。

　このように考えながら「SVRの側にも指導し、誘導することがSVの役割として潜在的に形成されかねない」というコメントにもう一度目を向けてみますと、SVRからSVEへの依存というものが指摘されていると読み取れます。

お互いに、相手に求めるものがあり、その求めを受け入れ応えていくうち、両者が共依存関係に陥ってしまうリスクを持つ、と言ってもいいかもしれません。もちろん、このことは SV セッション中にも起こり得ることですが、「振り返りシート」のようなものを介在させることが、この関係性をいっそう助長しかねない、という柏木先生からの教えであると私は受け止めることにしました。SVR が SVE に好影響を与えたいという思いについて、「SVR の邪念」と私が名づけ、意識してそこから遠ざかろうとしているのもこのためです。

「振り返りシート」という有形のものを SVR が提示する必要はなく、SVE が自主的に SV セッションでのやりとりを振り返って気づくことがあればそれをソーシャルワーク実践に活用する、この判断は SVE 側に委ねる姿勢を SVR として保ちたいと思います。

1.4 まとめ

ここまで、SVE のクライエント体験、SVE の主体的な気づき、そして SVR が陥りやすい発想について検討してきました。柏木先生からは、徹して SVE に関心を寄せる SVR の姿勢や、そのことに支えられて SVE が自ら語り何かに気づくことこそ SV の目的であると教えていただきました。言い換えると、SV の主役は SVE であって SVR はそこに相互主体的にかかわるものの、SVR 主体ではないということです。

SV では契約が重視され、特に SVE がこの SV を通してどうなりたいか、SV を終える頃にどうなっていたいかというゴール設定をします。このゴール設定の過程でも SVR は一緒に考えるスタンスをとりますが、SVR が SVE に「ここを目指してもらいたい」「こうなってもらいたい」と提示することはないはずです。SVE が設定したゴールを SVR は理解して自身のゴールとして共有し、達成に向かって共に歩む存在であります。だからこそ SVE の語りにしっかり傾聴する必要がありますし、SVE に関心を向けること、SVE から目をそらさないことが求められます。SVR が SVE の到達すべき位置を決めたり、先

に行って待っていたり、自分の場所に呼び込む役割ではありません。この点は
OJTとのわかりやすい違いと言えるでしょう。

　対談の冒頭でSVの語義について、柏木先生は「上から見るという意味では
なく」「別の言葉でずっと言ってきたのは何かというと、『支持』です。支え、
『サポートに徹する』という意味」だと語られています（p.8）。SVRとして
SVEを支持すること、サポートすることについて熟達したいものです。

2.　SVRの姿勢について

　対談中に柏木先生からこれを聞けたのはとっても大きい！と、私がひそかに
喝采した瞬間がありました。SVRとしての柏木先生の姿勢、加えて言うと、
それはSVRとしてだけではなく、ソーシャルワーカーとしての先生の姿勢で
もあると思いますが、先生が「自己開示」について語ってくださったときのこ
とです。この点を掘り下げてみたいと思います。

2.1　喜ぶこと

　柏木先生も私もクリスチャンですので、このタイトルからは、パウロの言葉
である「いつも喜んでいなさい」という聖書の一節（テサロニケの信徒への手
紙一　5章16節）が想起されますが、ここでは私が受講した研修での先生か
らの査読コメントの一部をまずご紹介します。

　　SVによって少しでも元気を得て、それまでのSVEの姿勢に、小さいが
　　変化をもたらしたのではないかと嬉しく感じる、とあるが、SVRとしてこ
　　ういう喜びをいだく時が来るということこそ、この専門職としての醍醐味が
　　あり、SVRとしてのエネルギーになる。

　SVRの経験者であれば、大なり小なり体験したことがあると思いますが、

SVE のソーシャルワーカーとしての姿勢に、たとえ小さくとも変化を見出したり、SVE が SV を通して元気になっていくのを感じたりすることは、SVR としてのエネルギーになるものだと思います。ただし、前項で述べたように、それ自体が目的化してはいけないことを忘れないようにしないといけません。

　柏木先生は、この種の喜びについて専門職としての醍醐味だと記されています。それを目的とはしないけれど、結果的に SVR にもたらされる付加報酬のようなものとして私は実感しますが、先生が言わんとされていたことについてもう少し探ってみたいと思います。直接伺うことがかなわなくなったいま、これまで先生からご講義やご著書を通して学ばせていただいたことをもとにした推測となります。

　対人援助の専門職として私たちはクライエントに向き合いますが、そのあり方は漠然としたものではなく相手の内面にも深く関与する直接的なものであり、だからこそ相手の変化、すなわち「成長」を感じ取ることのできる瞬間があります。SV 関係においても同様ではないでしょうか。SVR は SVE の世界観を共有して事例の全体を眺めようとし、SVE の内面を深く理解しようと努めます。これは SVE の体験を、SVR も同じように体験する感覚だと言え、SVE が考えて気づいたこと、気づきを得た喜びは SVR 自身の喜びでもあるということです。

　以前、柏木先生がこういう喜びを体験できる専門職業はそうざらにあるものではなく、ある仕事の終結時に達成感のようなものとして得られたり時間の経過で自然に与えられたりする性質のものとは違い、突然訪れてくるものではないかと話してくださったことを記憶しています。時間さえ経過すれば自動的に与えられるものではないということは確かです。一方で、先生は、ご講義ではクライエントに対するソーシャルワーカーの姿勢について「時熟」という概念をしばしば用いていらっしゃることを思い出します。これは、村上陽一郎の言葉が引用されたもので、胎児が母親の胎内で過ごす約40週間は胎児の成長にとっても、母親が母親になるべき時間としても重要なものであり、飛び越えたりなくしたりしてよいものではない、というご主張です。この村上の言葉は、

生産性や効率性を重視するあまり時間短縮が良しとされた時代に対する批判であると言え、きわめてソーシャルワーク的であるとして、十分に相手の言い分を尊重し、かかわりの熟す時を待つことの意味を解いておられます[1]。

　私はSVEとSVRの間にも同様のことが言えると思います。SVの過程は必ずしも楽しいことばかりではありません。私も目の前で涙するSVE、無力感や自己否定的な気持ちを抱かざるを得ないSVEに向き合い共に苦しんだ経験があります。もしかしたらSVRが良く機能すればするほど、そしてSVEの内省が深まれば深まるほど、失敗体験やマイナス感情に直面し、SVEが意識的にも無意識のうちにも封印していたものが噴き出すということでもあると思います。その最中はSVEはしんどいと思いますし、SVRはこうした場面を避けたくなるかもしれません。しかし、実際にはSVEと共にSVEの設定したゴールに到達するために省略や短縮することのできないプロセスと言えるでしょう。まさに、SVにおいても「時熟」が必要なのだと思います。

　この、SVにおいての時熟の一つの形がSVEの変化として可視化されるとき、SVRは喜びを感じるのではないでしょうか。この喜びは、ぜひSVEとSVRが共に味わいたいものです。そのためにSVRは、SVEの中に同様の喜びやそれに近い感情を感じ取り、SVR自身の内面にある喜びを重ねて表明することが望ましいと思います。その伝え方については、対談中に先生から「感動をどう伝えるのか」と質問をいただきました（p.14）。ここから、SVRとSVEの間で交わされる相互作用に関して、どのようにお互いに「ここで、今（here and now）」感じていることを伝えるか、ということに話は展開していきました。私はここがこの対談のクライマックスだと、自身が対談に参加しながら思っていました。

2.2　自然体でいること

　対談中、先生がグループワーク中の出来事を話してくださった後に続くやりとりがあります（p.15）。まずは、この精神科デイケアでのグループワークの

最中に先生が居眠りをして「僕、眠くなっちゃった」と言ったというエピソードについて取り上げます。まあ、そんなこともあるだろう、と思われる方はいらっしゃると思いますが、ここで少しばかり解説をしておきたいと思います。

柏木先生は、1954年にボストン大学スクール・オブ・ソーシャルワーク課程を修了され、翌1955年に国立精神衛生研究所（現、国立精神・神経医療研究センター精神保健研究所、以下「国立精研」）に着任されました。当時の日本の精神医療は、アメリカの力動精神医学の導入や治療共同体モデルの試みなどが見られ、地域精神医療への歩みが進み始めていましたが、一方で非自発的入院制度を中心とした精神科病院への隔離収容政策は持続していました。精神障害者は郊外の大型精神科病院に長らく収容しておくことが優先され、社会復帰や地域で生活するための支援施策はほぼない時代でした。非自発的、もっと言えば強制入院医療が主流を占めるなか、精神障害者の主体性や意思表示を支える発想は従事者の中でまだまだ特異なもの（と言っては言い過ぎかもしれませんが）だったことでしょう。こうした時代にあって国立精研では先駆的な取り組みがなされていたと思われますが、精神科デイケアにおけるスタッフと利用者の間には、対等性や協働の意識に関する教育が浸透した現代とは全く異なる「階層」もしくは「壁」があったことが想像されます（※第Ⅲ章で詳述）。しかし、当時アメリカ帰りだった柏木先生がスタッフとなり、グループワークに参加したご様子として披露してくださったのは、実に肩の力の抜けた空気感が伝わってくるエピソードでした。

幸運なことに、私は柏木先生と会議や研修会等でご一緒できる機会を数多く得てきましたので、こうした言動をされる先生のご様子にも触れてきました。と同時に、いつも興味を引かれるのは、これが本当に単なる脱力なのか、それとも「意識した自然体」なのか、ということでした。会議で特定の発言者のみがしゃべり続けたり、意見が対立して膠着したりした場面や、SVR 養成研修会で受講者の方たちとのグループワークをしているうちに話が本題からそれていったときなど、先生は「いま、何を決めるのでしたっけ？」とか「何の話だったかしら？」とか、「なんか、疲れちゃったね」とか、「めんどくさい

なぁ」など、あえてとしか思えないような口調も交えてご発言をされることがたびたびあったからです。柏木先生がソーシャルワーカーとしていわゆるクライエントの方と接しておられる場面を拝見したことはありませんが、こうした言動は先生のソーシャルワーカーらしさに通じるものではないでしょうか。

　対談では「胸襟を開く」という表現に続けて「相手に通じる言葉で自分自身が、ここで今思っていることをきちんと相手に伝える、そういう"かかわり"を持とうということ」（p.15）と述べられました。さらに「専門職としての"かかわり"の中で自己開示ができるかどうかということが課題」（p.18）ともおっしゃっています。つまり、目の前で相対している人と"かかわり"を持つための姿勢として、いま自分が思っていることを伝えようとする、言ってみればそういう"意図的な"自然体ということのようです。

　そこで私は、柏木先生がこうした自然体を演出していらっしゃるのか、実はずっと前から伺ってみたかった問いを対談の後半でとうとう投げかけました。ワクワクしながら先生の反応を待ちました。このとき、その手前では冗談を交え和やかに語っていらっしゃったのとは表情が変わり、きっぱりと真顔になられた先生の――こういうときに先生の背筋はいっそうピンと伸びるのですが――お答えは対談記録のとおりです（p.19）。

　胸襟を開く、という表現も先生は用いられていましたが、SVにおいては「自己開示」とされることが多いと思います。これはSVEにも求められることですが、本項ではSVRの姿勢を取り上げていますので、SVRの自己開示についてもう少し検討します。

　SVR養成研修を受講した際に私は「自己開示」について、SVRが備えるべき道具、または技術の一つだと考えました。そのことを話してみると、柏木先生は、たしかにそうだけれど、それで相手にどういう影響を与えられるかを客観的に想定することまではSVRに求められていない、それは難しいでしょう、と言われました。むしろ、相手への影響を想定して自己開示を「使う」ことよりも、SVRである自分が「ここで、今」どう感じたのか、心底からの主観をSVEに投げかけることこそが重要だというご指摘でした。このように伺って

不安になったことを覚えています。つまり、心底からの主観を投げかけたとして、SVE の役に立つことができるのだろうか、そこまで自分の感性や力量はソーシャルワーカーとして育っているのだろうか、と自信が持てなかったのです。ところが、先生は、SVE がこちらの言葉をどう受け取るかはわからないし、どう影響するかまでは到底予測できないから出たとこ勝負でしょう、と言われました。出てきた SVE の問いかけに対しては、また新たな展開として SVR が「私はこう聞いた、こう感じた」と自己開示を重視しながら応じ、対話を重ねて両者で共に理解し合おうとすればいいのではありませんか、と。

　やや堂々めぐりの感があるかもしれません。柏木先生は、相手とかかわるときに思ったことをそのまま口に出すような「素」の自然体であるのかといえばそうではなく、意図して自然体を「演出」していると言われます。しかし、それは相手への影響を想定した投げかけではない、とも言っておられるのです。さて、ここで、注目すべきなのは、何を意図しているかということではないでしょうか。（これを書いている今、先生にあらためてお尋ねできないことが憾まれますが）柏木先生が重視されるのは、相手とのかかわりに集中すること、ひたすら相手に関心を寄せ、知ろうとすること、そのために相手の発言を、何が出てくるかはわからないけれどもとにかく促そうとすること、これらを目的に「自己開示」を用いるということだろうと思います。

　ところで、対談の場には聴衆がいました。こじんまりした場ではありましたが、質疑に入る前から自然に発言する方がいたことは（p.27）、もしかしたら上述のような柏木先生の姿勢が促しになったのかもしれません。

2.3　専門性を用いること

　柏木先生のご発言やご著書を通して推測しますと、SVR と SVE とのかかわりにおいては、ソーシャルワーカー同士である職場の先輩・後輩間、あるいは同僚間でさえあまり言葉を尽くさず表層的に流してしまうような感情や思考を、一つひとつ丁寧に実感して取り上げ、言葉にして伝え合い理解し合うことが必

要である、また、両者がソーシャルワーカーであればそれができるはずだ、ということをSVに対する基本的なとらえ方としてお持ちなのではないでしょうか。これは、「1．スーパービジョンの目的の再考」で取り上げてきたこととも合致すると言えると思います。このような濃密なSEV-SVR関係を支えるには、SV契約を交わすことで枠組みをつくるとともに、守秘義務の確認を行い、両者が共に安心して自己開示して語り合える環境を創出することが必要となります。この環境設定はSVRの役割の一つですが、語り合えるようにしていくことは、SVRだけが担うのでなく、SVEとの共同作業になると思います。

　対談の中で柏木先生がSVRのあり方について繰り返しおっしゃっているのは、SVEから聞かれて答える立場ではない、教え導く役割ではない、ということです。「的確に言葉を受け取ることができるSVRがいれば」（p.21）と言われたとき、私は、「SVE」の間違いかと思って聞き返しましたが、先生は、SVRを指していらっしゃいました。対談ではわかったつもりで話を進めましたが、あらためて考えてみますと、「SVEの言葉を的確に受け取る」ということは、SVEの言葉面だけを取り上げることではなく、その背後にある思いや考え、または理論や信念のようなものを受け取ることが求められるということではないでしょうか。

　私たちは、口に出す言葉よりはるかに多くを感じ、また考えています。文章にならないレベルの感情的な反応もあれば、その感情を触発する信念や経験の想起などもあるでしょう。深い思考や目まぐるしく流れ去る思考もあります。これらの内のどの部分をSVEはいま口に出したのか、逆に、まだ口から出てこない言葉は何なのか、言葉にならない思いや観念はどうなのか、と掘り下げようとすると「的確に」受け取ることなど他者には到底できないのではないか、と思えてきます。けれど、ここで一つ言えることは、ソーシャルワーカー同士で行うSVであればSVEとSVRは、ソーシャルワークの専門性という共通基盤を有しているということです。対談のはじめのほうで、サポートに徹するだけならソーシャルワーカーでなくても家族や信頼できる人もなり得るのではないかとお聞きしました。柏木先生は、家族や友人は、はけ口にはなっても核心

にわたって自分の気持ちを吐露する相手ではなさそう、一方で SVR とは、SVE にとって客観的なことも見えていて主観的な気持ちも受け入れてくれる相手だ、とおっしゃっています（p.12）。

　この、客観的なことが見えるというのは、おそらくソーシャルワーカーとしての価値観でもって考えれば、SVE のジレンマや不全感等を理解し、SVE の目指すところを共通認識することができるということだと思います。そうして SVR が受け止めることによって SVE は自分のマイナス感情をも「ソーシャルワーカーだからこそ」のものとして、肯定的に受け入れることができるのではないでしょうか。

　なお、SVE が抱く感情と思考の両者は連動したものとして捉えます。もちろん、人としての自然な反応レベルでの感情は、例えば、驚いた、嬉しい、うしろめたい、ほっとした、等さまざまありますが、SVR が SVE に「どう感じましたか？」「そこでどう思ったの？」などと尋ねるとき、SVE の感情が呼び起こされた背後にある思考にまで着目しようとしているのではないでしょうか。そこには SVE のソーシャルワーカーとしての専門的な思考や信条が含まれるものと思います。抽象度の高い話になってきましたので、SV 場面[2]を例に挙げて考えてみます。

　SVE は相談窓口業務を担当している行政機関のソーシャルワーカーです。時には 1 日に何回も電話をかけてきて、とりとめない話を繰り返す市民（A さん）への対応について、うまく情報を聞き出せないし社会資源につなぐこともできない、そのうえ、時には A さんから怒鳴られることもある、最近は A さんからの電話をとってしまったら「ハズレだ」と感じるが、そのことに後ろめたい思いもある、と語ったとしましょう。

　SVR としては、この SVE の無力感や、後ろめたいと言っていることから A さんに対して感じているであろう「申し訳ない気持ち」等も理解して受け止めるとともに、SVE が「ハズレ」と思いつつも A さんからの電話に応対している努力を労うことから対話を始めることになるでしょう。SVE は、うまくできていないと感じる自分の実践

について、それでも SVR に受け止めてもらえることで安心し、SVR の胸を借りる気持ちで SV の俎上（そじょう）に自らを載せる準備ができます。そして、自身と A さんとの会話や、その時に頭に浮かんでいたことなどを省察して言語化することを、SVR との対話にサポートされながら進めていきます。すると、SVE は A さんとの度重なる電話を受けるうち、いつしか自分の応対が惰性的になり、苦手意識も手伝って早く切り上げようとして機械的なものとなっていたことに思い至ります。

　SVE は、SVR との振り返りを経て、自身のソーシャルワーカーとしてのあり方を客観視すると、A さんの話にきちんと傾聴する姿勢や受容的な態度が欠けていたこと、A さんの生活を想像したり気持ちに共感的な理解をしようとしていなかったことに気づきます。顔も知らない A さんとの過去の会話を思い返し、あらためてソーシャルワーカーとして捉え直すと、もしかしたら A さんは孤独感や社会から置き去りにされた感覚を抱いているのかもしれないし、役所への電話が A さんと社会をつなぐ唯一のツールなのかもしれない、他の相談者との公平性の視点も大切であり、短時間での応答を余儀なくされる場合もあって不安は残るが、A さんの声にもっと丁寧に耳を傾け、その思いや暮らしに寄り添いたいと感じるに至りました。

　上記は架空事例の一部ですので、現実には 1 回のセッションでこんなにうまく SVE の内省が深まったり発言が弾んだりして、SV 後に晴れ晴れとして職場に戻っていくことばかりではありません。SVE が SV に事例（実践全般を指し、必ずしも特定のクライエントへの支援経過とは限りません）を持参する際に、不全感や拒否感、悲しい気持ちや自信喪失などのマイナス感情を表出することはよくあります。しかし、こうした葛藤の背後には専門知識や技術、そして、価値を見出すことが可能なはずです。この部分、すなわちソーシャルワーカーとしての専門性を SVE と SVR が共有していればこそ、両者の対話は深まり、SVE の気づきが生まれます。SVR 自身もソーシャルワーカーとしての専門知識や技術、そして価値を用いて SVE の話を聴きます。

　私が編著でかかわった『実習指導とスーパービジョンにおける思考過程』という書籍[3]では、SVR と SVE の逐語に合わせて、各言葉を発するときの

SVR と SVE 双方の思考をあえて言語化して記述しました。両者で交わされる目に見える会話と並行して、例えば、SVE がソーシャルワーカーとして何を大切にしようとしているのかを SVR が推し量ろうとしてめぐらせる思考や、SVR 自身の内にある価値観や支援観といったものも頭の中をめぐっていることを表しました。また、SVE が SVR からの問いかけを受けてクライエントとのかかわりを振り返り、例えば、自分はクライエントの自己決定を尊重したくてこだわっていたのだという気づきに至るまでのプロセスなど、SV 中の対話の背後でさまざまに想起された考えや、閃きのような思考の数々を可視化したものです。このように、自らの思考をより明確に言語化し追求することは、その有する専門性（価値、知識、技術）の定着具合を知ることにつながる体験となりました。こうした思考の言語化を習慣化することは、とりわけ専門的な思考を適時に的確に表現するためのトレーニングになると思います。

　SVR が SVE の言葉を的確に受け止めるには、ソーシャルワーカーとしての専門性が求められます。と同時に、SVE の側にもその専門性があることを信じ、仮にまだ輪郭がぼやけているとしても、専門性の「芽」を SVE と共に探したり再発見して伸ばそうとしたりすることが SVR のあり方だと思います。なお、SVR にソーシャルワーカーとしての専門性が求められることは当然ですが、それをさらに発達させる努力を怠らず、SVE と共に学び成長する姿勢を持ち続けたいと考えます。

2.4　まとめ

　以上を踏まえて、私自身の SVR 経験に基づく考察を記述します。SV では SVE がより深くじっくり考えることを支えようと心構えしていても、思考した言葉が SVE からなかなか出てこないこともあります。これは必ずしも、新人だから、とか、SV に慣れていないから、といったことが理由ではありません。私が聖学院大学人間福祉スーパービジョンセンターを通して個人 SV の契約をした SVE の中には、就職して 1 〜 3 年未満の方も複数いましたし、20 年

を超えるベテランもおられました。SVE の話を聴きながら、クライエントも
困っただろうなと思ったり、連携する多職種から文句を言われそうだなと心配
になったりすることはあります。ただ、私がこれまで出会った SVE の方たち
に共通しているのは、思いや考えがなかなか語られない場合であってもクライ
エントのために真剣に考える姿を見せてくれるということです。

　そして、真剣であればあるほど、言葉に詰まることがあります。こうした真
剣さは、きっとこのクライエントや周囲の関係者に伝わるだろう、実を結ぶと
きがくるだろう、と信じることができます。人権や社会正義といったソーシャ
ルワークの原理が、このような真剣さを支えています。柏木先生は、ソーシャ
ルワークを論じられる際、「コンパッション（compassion）」という表現を用
いられていました。コン（com）は「共に」、パッション（passion）は「情
熱」であると同時に「受苦」をも意味することから、ソーシャルワーカーは、
クライエントと共に苦難を背負いながら、情熱を傾けて共に歩む協働者である、
その協働ができたときの喜びは、ソーシャルワークの職業的な境涯ならではの
ものである、とおっしゃっています[4]。私は、SV で出会う SVE の方たちに、
クライエントに伴走しコンパッションする姿そのものを見てきました。ソー
シャルワークとは、尊いいとなみだと思います。このいとなみを支えるプロセ
スに、ひととき寄り添い勇気づけることができるとしたら、SVR としての喜
びもまた、他では得難いものと言えるでしょう。

3.　スーパービジョンの定着に向けた課題

　ここまで述べてきたように、SV はソーシャルワーカーであり続けるための
大きな支えになるものだと考えられます。そのため、私は SV がもっと活用さ
れていくことを願っています。柏木先生も私も、精神保健医療福祉を実践や研
究のフィールドとしてきました。そこで、本項では主にこの領域に焦点を当て
て、SV をソーシャルワーカー間に定着させるための要件を考えてみたいと思
います。

　柏木先生が、1964年に設立された日本精神医学ソーシャル・ワーカー協会の初代理事長であることは本章冒頭に記しましたが、この当初から先生は「クライエントの自己決定」を掲げ、PSW の理論構築を先導してくださいました。当時の PSW には国家資格はありませんでしたが、専門職としての価値を具現化する中心的課題として、「かかわりにおけるクライエントの自己決定の尊重、本人の立場に立って共に歩む関係性の構築」を実践の原理とすることは、精神保健福祉士として国家資格制度化されて以降も、現在まで継承されています。

3.1　SV の目的と意義に関する共通認識

　SV の場面で、SVE がこのような原理に照らして悩みや失敗等を言語化することは、ソーシャルワーカーとしての自分に不足している力量を自覚し受け入れる必要があるため、勇気のいる作業と言えます。しかし、対人援助専門職のトレーナーである奥川幸子が「自己検証と実践の言語化を初期の段階から怠りますと（中略）行き詰る事態に遭遇し」「ことばに苦労してこなかったぶんだけ、言語化、根拠立ての壁が他の援助者より大きくそびえ立つ」[5]と述べているように、ソーシャルワーカーとして初任者のうちから習慣化できるほうが、後の苦労は軽くなるのではないかと思います。まだ実践力が伴わない時期の新人にとっては、原理原則を追求してクライエントとのかかわりを振り返ることは、悩みや葛藤を増すかもしれません。しかし、SV は、SVE 自身のあり方を含むかかわりの全容を俯瞰し、考察し直す方策の一つであり、SVE が抱える困難と向き合い、クライエントや場面、状況にかかわり続けようとすることを支える術となり得るはずです。

　SV を定着させるためには、SV によって何がもたらされるかを共通認識することが求められます。精神保健医療福祉の現場では、精神保健福祉士のニーズが増し、役割期待も高まっており、人材確保は緊要となっています。また、経験年数の浅い有資格者が多い現状でもあり、なおかつ、特に小規模な事業所等では採用時から即戦力としての期待が大きい反面、十分な OJT が行われな

いまま責任ある立場に置かれざるを得ない実態もあります。そのため、潜在的には、学びや支えを求める人が少なくないことと思われます。しかし、養成課程においても SV の必要性を知る機会は用意されているものの、現場での業務に就く前に実感として理解するには至っていないかもしれません。いっそうの理解促進が求められます。なお、職場内で SV が提供され利用できることは、SVE の利便性の面からはニーズがありますが、SVR は、OJT とのすみ分けの難しさを克服しなければなりません[6]。雇用側や管理職には、部下や後輩が職場外に SV の機会を得られるよう支援する発想が望まれます。

　他方、日本精神保健福祉士協会の認定 SVR 養成研修会に携わっていると、中堅、ベテラン層の受講者の中では、自己研鑽や職場内での部下や後輩育成のための指導力の向上を目指す人が少なくありません。SV と OJT とを混同して認識されている面は否定できませんが、所属機関において管理者や年長者、上司や先輩が、部下や後輩の業務指導の役割を与えられるなかで、部分的に SVR のように機能する面はあるでしょう。精神保健福祉士としてソーシャルワーカーの力量を発揮するためには、所属機関における OJT が行われることは重要ですし、研鑽や後進指導の必要性や責任を自覚している現任者が少なからず存在するのは心強いことです。

3.2　スーパービジョンの担い手の育成

　2012年度の精神保健福祉士養成カリキュラムの改正により、実習指導者に講習会の受講が必須とされて以来、実習 SV について多くの精神保健福祉士が学ぶようになりました。現任者の中に実習指導や OJT の必要性への認識が広まることは、SV への関心を高め理解を促進することにつながると思われます。

　2011年度に、私は日本精神保健福祉士協会における実習指導者講習会のシラバスとプログラム開発のための事業に担当理事として携わりました[7]。ここでは、実習指導に限らずソーシャルワーカーとしての SV の必要性の理解を獲得目標とし、カリキュラムの中心を SV の目的や方法の修得に据えていました。

受講者からは、SV に関する知識の獲得とともに、自身の実践の省察や、部下・後輩等への指導に関して再認識したことが成果として述べられていました。現在もこのプログラムで講習会は継続されており、毎年多数の参加希望者があることからは、現任者における人材育成への関心の高さがわかります。

　現代の日本では人々の間にメンタルヘルスの問題は増大しており、精神保健福祉士に求められる役割も多様化しました。こころのあり方や現実の暮らしに困難を抱える人々の声を真摯に聴き取り、個別性に配慮した柔軟で適切な支援を行うためには、精神保健福祉士には専門性に裏打ちされた応用力がいっそう求められています。ソーシャルワークの原理を踏まえた上での実践力を培うためには、養成課程からの長年にわたる教育と研鑽が必要です。基礎教育を土台として精神保健福祉士の専門性を継承していくために SV の果たす役割は大きいと言えるでしょう。OJT と SV の機能をそれぞれ理解して使い分けつつどちらも担える者を恒常的に養成していくことが、今後も求められると思います。

　なお、聖学院大学人間福祉スーパービジョンセンターで提供しているメニューの中には「SVR 支援制度」があり、私はこれまで何人かの方と個別に契約を結び支援を担当しています。このようにご自身の時間とお金を費やして、より良い SVR になろうとする方々の存在は貴重であり、柏木先生の教えを共に確認しながら私自身も触発され、現任 SVR の方たちと共に SV の基本に立ち返ることができています。

3.3　スーパービジョンの活用のためのシステム構築

　精神保健福祉士法は1997年に成立しましたが、柏木先生はその 2 年後に「精神保健福祉施設・機関に対する PSW 養成訓練に係る厚生省の指導が望まれる。また同時に日本精神保健福祉士協会（PSW 協会）に対しても実効性のある体系的研修制度を早急に整えることが期待される。具体的に言えば実習指導者の資質が必ずしも高いとは言えないことにかんがみ、指導者研修等が国や PSW 協会あるいはその共催により実施されることが緊急に望まれる」と述べておら

れました[8]。主に、資格法制定を受けて開始された精神保健福祉士の養成課程における「現場実習」のあり方に対する提言ですが、これと連動して現任者への卒後教育を専門職団体は国と連携し責任を持って始動させるべきである、と指摘しておられたのだと思います。

　上記したように、現在は実習 SV の質を一定以上に保つために厚生労働省の指定する内容による実習指導者講習会が必須とされています。現場実習において的確な SV を体験することができれば、学生のうちから SV の必要性や有用性を実感することができます。いくつかの地域では都道府県精神保健福祉士協会等の取り組みとして、日本精神保健福祉士協会の認定 SVR を増やすために、認定 SVR 養成研修への受講促進や、認定 SVR を活用したグループ SV の提供などが行われています。その SVE の中から次世代の SVR が育っていくことで人材育成の好循環も期待されます。現在は、精神保健福祉士の資格を取得して現任者となった後、継続的に SV を活用するためのシステムは開発途上と言わざるを得ません。本学のスーパービジョンセンターのような機能を持つ教育機関や研修機関を増やすことと、その利用の必要性に関する雇用主等の理解を増していくことが望まれています。

おわりに

　柏木先生が初代理事長を務められた日本精神保健福祉士協会は、今年（2024年）11月に創立60周年を迎えます。名誉会長として先生が今日まで精神科ソーシャルワーカー、精神保健福祉士の専門的・社会的活動を率いてくださったことに感謝し、養成と卒後教育を連動させる軸となる SV に私自身も引き続き携わることで、先生が構築された「クライエントの自己決定」というかかわり論を継承していきたいと思います。

注

1） 柏木昭・佐々木敏明・荒田寛『ソーシャルワーク協働の思想――"クリネー"から"トポス"へ』へるす出版、2010年、83-85頁。

2） 田村綾子「精神保健福祉領域のソーシャルワーカーが「かかわり困難事例」と向き合う方略――スーパービジョン事例からの考察」、ソーシャルワーク研究所編『ソーシャルワーク実践研究』18号、2023年、37-47頁。

3） 田村綾子編著『実習指導とスーパービジョンにおける思考過程』精神保健福祉士の実践知に学ぶソーシャルワーク4、公益社団法人日本精神保健福祉士協会監修、中央法規出版、2020年。

4） 柏木昭・中村磐男編著『ソーシャルワークを支える人間福祉スーパービジョン』聖学院大学出版会、2012年、18頁。

5） 奥川幸子『身体知と言語――対人援助技術を鍛える』中央法規出版、2007年、501-502頁。

6） 田村綾子「ソーシャルワーク・スーパービジョンの定着可能性に関する研究――社会復帰調整官の取り組みからの一考察」、『明治学院大学社会学・社会福祉学研究』145号、2015年、186-187頁。

7） 田村綾子「後進に託す"PSW魂"――実践力ある精神保健福祉士の養成にかける実習指導者の思い」、『精神保健福祉』42（4）、公益社団法人日本精神保健福祉士協会、2011年、262-265頁。

8） 柏木昭「精神保健福祉士のスーパービジョンおよび研修の体系化に関する研究――精神保健医療機関および社会復帰施設等における実習指導に関する調査」、大井田隆（研究代表）『精神医療保健福祉に関わる専門職のあり方に関する研究』平成11年度厚生科学研究費補助金（障害保健福祉総合研究事業）。厚生労働科学研究成果データベース https://mhlw-grants.niph.go.jp/project/3191。

第 III 章

ソーシャルワーカーとしての自覚

柏木　昭

　このタイトルは、日本精神保健福祉士協会の認定スーパーバイザーとして、スーパービジョンを実践している精神保健福祉士の皆さんに必須とされている更新研修内で話していることです。すでに体験した人はお気づきだと思いますが、スーパーバイザーは、スーパーバイジーとの間でソーシャルワーカーの専門性を活用してソーシャルワーカー同士ならではの対話を交わします。そこで、この講義では、スーパーバイザーはソーシャルワーカーとしてどのようなことを自覚すべきなのか、特にベテランになればなるほど、たえず自己点検をしていただきたいポイントについてお話ししたいと思います。

1.　ソーシャルワーカーの権威性

　クライエントに「助けてください」と言われたときに、ワーカーが「わかりました」などと返事をすることがありますね。そう返事をするというのは、こちらは相手と違う特徴を持ちながら、力を持っているということなんですね。援助する力があるから、相手を援助しやすい、支援する行為となって表すことができるんじゃないか。ソーシャルワーカーあるいはソーシャルワークというのは、権力なんていうものとは全く無縁な性格のものだと思うんです。けれども、人を助ける、助けてあげるなんていう、ちょっとした姿勢のずれというのはやはりあると思うんです。それを自分に問いかけて、少し考え直してみよう。そういう意味で、ソーシャルワーカーの権威性ということについて、一緒に考えていただきたいと思います。

　私はこの権威性というのを、ここでは非常に肯定的にとっているんです。**権威性（倫理性に裏打ちされた専門性・ベテランの味）というのは必要なものだ**し、これがきちんと備わっていることによって本当に福祉的な返答ができる。ソーシャルワーカーはそういう力量の持ち主なんです。それに対して、権威性というのをむしろ否定的にとる場合は、権力というふうに言わないといけないと思います。

2.　支配的権力意思

　では、支配的権力意思というと何を思い浮かべますか。

2.1　権力意思の諸相

　権力意思、これがあらわになるときとは、例えば、生活保護関係ですね。生活保護受給者は福祉事務所側あるいは福祉事務所のケースワーカーに対して、支配的権力意思を感じることが多い。

　ワーカーが「そんなことないよ。私たちは自己決定あるいは受容的態度でやってました」と言っても、やはりお金の出どころがそちら側にあり、金を出すかどうか決める性格を持つというワーカーの行為に対して、クライエントは金をもらう側として、ワーカーに対して支配的権力意思を感じてしまう。これは自然なことなのです。ところが福祉事務所にいる人たちは、善意で、援助してあげる、そういう理念に立っているわけなんですね。援助してあげるっておかしいですね。援助するという理念に立っていて、そういう支配されている人たちが私たちの目の前にいる、そういう人たちと関係を持っている、そういう側としての反省というのがあまりない。

　また、権力意思はさまざまな形をとりますね。スーパービジョンの理念が浸透していない状況下で、部下の指導と称して、自らの都合に合わせて不当な批判を投げかけたり、不適切な評価のもと序列をつけて、人事権を恣意的に行使

したりする、ということもなきにしもあらずです。

2.2　私の自己点検

　これはもうだいぶ昔の話です。私は1963年からデイケアセンターの実践研究に取り組んでいました。1971年、70年安保改正に相前後して、大学闘争の激しい勃興のときに、国立精神衛生研究所のデイケアでも、ストライキがあったんです。非常勤職員や研究生、あるいは実習生もいましたね。その人たちから私たち正規の職員が突き上げられたんです。

　デイケアの階層構造というのは、トップにデイケアの所長がいて、それからその下に職員、常勤職がいて、その下に非常勤職員がいて、その下に研修・研究生、実習生がいて、一番下にクライエント・利用者がいるという構造、三角ピラミッド構造ですね。そういう通所者を抑圧する階層構造があるから、これを破壊しなければならない、ということで、非常勤職員や研究生が、デイケアの階層構造を維持温存するものとしての常勤職員集団、これを批判し、ストライキを打ち出したわけです。

　このときにどういう反応が起きたか。どういう状況になったかというと、職員はずっとデイケアを放棄してしまった。職員室に閉じこもって、ああでもないこうでもないと、正規の職員対非常勤職員および研究生、相対峙しながら、議論を戦わしていたわけです。つまり、業務を怠ってしまった。業務のほうへ自分たちの気持ちが動かなかった。

2.3　当事者の力

　こういう危機状況、若い研究者、研究生、実習生と正規の職員との闘争という危機状況にあって、その状況を救ってくれたのは他でもない、実にデイケアのメンバー、利用者さんたちであったのです。

　当事者はちゃんと毎日点検に来るわけです。でも、私たちが全く業務を怠っ

て議論に明け暮れていたものだから、彼らは彼らなりに自分たちで話し合いの場をつくっていたんですね。あちらにひとかたまり、こちらにひとかたまり、大会議室にいて、私たちを批判したり、あるいは、そんなこともやってばかりもいられない、自分たちで何とかしようよってなことで、話し合っている。そういう当事者・利用者さんたちの集まりがありました。そして同時に非常に不安もあって、その不安が家族会を作り上げたようなところもあるんです。常勤職員は今後どうするのか。ああいう権力闘争みたいなことをやっていて、いずれデイケアがなくなってしまうのではないか。そしたらうちの子をどうしたらいいんだろう。また、入院させなきゃならないかもしれない。いっそのこと、うちにいてくれるよりは、デイケアに行かないなら入院してほしい。家族はそんな気持ちになったようです。そういうことを利用者さんが聞いていて、どうしても私たちはデイケアをつぶすわけにいかない、よろしく頼む、と。そういう申し入れをするまでに利用者さんたちが結束したんです。これは、**当事者の力**としてびっくりしましたね、私たち。

　情報をいちいち提供しないで、「あそこで何話してんのかな。我々のほうに顔を出せばいいのに」というような気持ちがありながら、私たちは職員室に閉じこもって、毎日毎日話し合いを続けていた。それが私はさすがに気になって、大会議室の扉をちょっと開けて中を見たら、もう利用者さんたちで話し合い始めている。中身はよくわからないけれども、いつの間にか、今後どうするかっていうこと、それぞれ当事者の事として話し合っていたということでした。びっくりいたしました。

　そのときに反省したのは、なぜ情報共有しないのかということです。私たちは何で利用者さんの前に顔も出さずに、職員室の中で正規の職員対研究生・実習生、対峙して激しい論議をやっていたのか。誰が何を言ったかということは必要ないですが、中身についてきちんと情報をフィードバックすることは必要です。話し合いをやっていて、とてもデイケアまで手が伸びないんですよということを、きちんと言うべきだったなと思ったんです。結局、情報共有しないことはスタッフの専横（支配意思）であったと言えると思います。

こういう時代の反省を初めて私たちはできたんですね。このことは、今も起こっています。デイケアに限らず、病棟の中でも、スタッフの中で何が話し合われているかは、一切患者さんたちには知らされない。知らせたって一向に差し支えないことを、スタッフだけが占有している。例えば入院患者さんの立場から見れば、あのナースステーションでいったい何話してるんだろうって、みんな思っているに違いないですよね。でも、今日こんなことが話題になりましたっていうことは、スタッフの手のうちがわかってしまうから話しちゃいけないんじゃないかと思っている。よく考えると、**情報の統制**ですね。やはりその意識の下に支配意思がないとは言えません。

2.4 治療共同体

治療共同体というのが昔ありました。1970年から1980年代、イギリスのマックスウェル・ジョーンズ（Maxwell Jones, 1907-1990）という人が日本に来て、国立精神衛生研究所で**治療共同体**の話をしてくれたんです。これはもう全く理解を超えた中身でした。

理解を超えていたというのは、私はその後、WHO の研究員になってイギリスに行ったときに初めて見たんです。およそ日本では実現不可能な医療提供体制でした。つまり、日本はさっき階層構造と言いました。その階層構造について、手荒な破壊をやらないで、民主的にみんなが治療に参加し、しかも一番最下層に置かれた患者さんたちまでも、自分の治療について、あるいは自分たちのこうしてほしい、こういうふうにやりたいと発言することができる構造を、マックスウェル・ジョーンズがつくったんです。スコットランド人です。イングランド人はスコットランド人を軽蔑するようなところがある。そういう異なる文化の中で、その治療共同体構造を言ったのは、マックスウェル・ジョーンズでした。あまり学説が優れているので、イングランドの医者もスコットランド人だとかということを決して言わない。マックスウェル・ジョーンズは尊敬のまとでした。

　そういうわけで、病棟の中でそういう構造をなくして、毎朝、**共同体ミーティング**をやることになったんです。そこには全職員、医局も看護課も、それからソーシャルワーカーも心理もいて、患者さんたちと一緒に「朝8時半の会」というのをやるんです。共同体ミーティングで話す。そこで議長が選出される。この議長は、職員だけじゃなくて、患者さんたちからも出されます。そこで「今日の議題は何でしょうか」と、いろいろ議題を集めるんですね。「手挙げてください」と。すると、これを話したいと、なかなか細かい、「○○さんが花壇の美しい花を踏みにじったから罰を与えるべき」なんていう議題を出す患者さんもいました。そういうものをちゃんと拾い上げて、みんなでどうするかと話し合う。これはやっぱり細かいことではないんですよね、共同生活を行う上では。このみんなの状況を乱すような、そういう人はどうしたらいいのか、どういうふうに扱ったらいいのか。

　例えば、廊下に料理用のガスオーブンがあって、それでレクリエーションでおやつを作る、焼き菓子なんかを焼くんですが、そこへ首突っ込んだ人がいました。火を付けてガスが燃えてたところにです。慌ててひっぱり出して、失神はしなかったのですが、本人もびっくりしていました、しばらく。そんなことがありました。

　治療共同体は主治医制度ではないんです。毎日、その日にいる当直のお医者さんが全て診ている。主治医は誰かいるのか、主治医はグループなのかという、それが一つの議題になる。どうしてそういうことになったかみんなで考えようとか。あるいは本人にも話を聞いて、どうして自殺めいたことをしようとしたのか。そういうのは治療の領域と思われるかもしれないけれど、実際は友達同士のいさかいであったり、それぞれの言い分があったりすることですから、治療の領域というよりも生活の領域なのです。入院生活の間、療養中も、そんな事態に対して、療養仲間もどう対応するか。そんな話をするのが共同体ミーティングでした。

　朝8時半から始まって、大体1時間半ですから、ちょうど10時ちょっと過ぎぐらいまで。それから各作業グループに分かれて、11時半までやって、そ

の総括を11時半から10分やって、食事になる。非常に充実した感じでした。作業療法士もいるのですけれど、決してリーダーにはならない。ワーカーもリーダーも方向性は決めないし、必要なお世話以外はほとんど口を出さない。特に福祉事務所関係があったのですが、いろいろ聞いてくる人たちには、「情報は提供しますが、ご自分でやってください」と。「難しいときには、お手伝いしますね」。そういうスタンスです。

　さて、なかなか面白い治療共同体という構造。そこまで行く可能性を求めて、千葉県に鈴木純一先生という方がいらして、その先生が自分の持っている病院でやろうとしましたが、伝統的な管理の領域の人たちから反発をくらって、結局はできず諦めた。階層構造は続いたんです。私たちの考え方は確かに出発点は善意なんですけれども、依存をむしろかき立てるような、そういう善意なんです。依存をかき立てるというか、依存を起こしかねない善意。結局全てやってあげてしまう、そういう構造なんです。

　面倒であり、問題なのは、スタッフの側に「メンバーに心配をかけないように」といった、安易な善意があるということです。**むしろ積極的に状況を説明し、一緒に考えていくこと。こういう情報提供というのが徹頭徹尾なされているのが治療共同体**だということなんです。

　そういう文化は、日本にはないです。少なくとも、福祉の領域ではそういうことは、私たちを別にしてあり得ない。主治医がいるときは相談することと書いてあるけれど、全く関係ない。私は報告したことはありますけれど、相談したこともない。

3.　ソーシャルワーカーのスタンス（立ち位置）

　クライエントとワーカーは**相互主体的な関係**かどうか。ソーシャルワーカーのスタンス（立ち位置）の問題です。

　クライエントは単なるサービスの受け手か。まずはそう問いかけてみたいと思います。受益者というような言葉がありますけれども、こういう言葉は使わ

ないほうがいいのではないかという提案です。ソーシャルワーク用語集から削除すべきではないかと思います。受益者というと、あくまでも非主体的な、何かくれるんなら何でもくれと。それはむしろ差別用語と言えるでしょう。何もやらないただの受け手というだけで、主体性が忘却されてしまうのではないでしょうか。

　単なるサービスの受け手であるだけではなくて、受ける権利というのは、主体的であるべきです。ワーカーは援助主体であると同時に、クライエントからの受け手でもある。相互的なものです。そうするとソーシャルワーカーとクライエントは、それぞれが、こっちも主体だけど、相手も主体なんですね。

　これのいい例が、やはり服薬です。お医者さんは、薬飲みなさいって、処方する。ただ、そのあと、うちに帰ったら、飲んでいるか飲んでいないか誰もわかりませんよ。医者はそこまで手を出さないし、口も出さない。例えばＡさんの家庭訪問で「薬飲んでますか？」。飲んでいるか飲んでいないかわからないから、それが挨拶なんです。「こんにちは。あなた薬飲んでますか」とちゃんと言うわけです。「うん、うん」なんて言っていても、行けばちゃんとわかるわけです。

　だから、医者とか医療従事者の研修も含めて、差が生まれてしまう。ワーカーは福祉従事者ですから、そこはきちんとやりますね。私はデイケアのワーカーだったから、あるメンバーが薬をいくつか見せてくれた。たくさんあるんですよ。栄養剤なんかも入っているし、副作用止めも入っている。こんなに飲まされてて、気の毒になってしまうんですけれど、メンバーは、よく知ってるんですよ。「これは、主剤でこれが副作用止め。副作用止めのこれは胃薬だ」とか、「胃薬いらねえ。おれちゃんと消化して、たくさん物食べても大丈夫」とか。それから、「副作用止めって、こんなんやったらね、効き目が悪くなる。効き目が悪くならないように、副作用止めをとって、主剤をね、減らしちゃって構わないな」。そういう感じです。はあ、うまいこと考えるなと思います。やはり、患者さんは自分が飲んでいるので、結構いろいろな飲み方を経験して、大体こんなところだなとわかっている。

　服薬のことは主治医に相談してくれと言っても、主治医のほうは絶対口きかないですよ。処方箋は絶対なんですね。国立病院の精神科でもそうです。コミュニケーションがないんですね。だからその辺のコミュニケーション、医者と患者とのコミュニケーションを復活できるかどうか、いまだに暗澹たる思いでいるんですが、そこにワーカーが入っていけるんじゃないかと思うわけです。メンバーが医者に説明してくれと言う。「これだけでいい」。「そのことをこの次に薬をもらうときに言おうとするけど言えない」、「あなた一緒に来てよ」って言うわけです。じゃあ一緒に行くかと、行ったこともあります。昔のことですけれど。そうすると、医者は、色をなして怒ります。大体ワーカーの私に怒っているんだけど、患者さんを怒る。医者の職務にけちつける気かって。話にならないですね。だからそのあとで、「駄目だね、あの人。怒ってばかりで」とメンバーが言うわけです。「これね、あれ式でいいかね」「それでやってみようよ」という調子で、そのあともずっとデイケアで日々を過ごしていました。とにかくバクバクと薬を飲み続けていました。ゲリラ戦法に私たちが介在しなきゃならない状況もあります。

　さて、次に、ソーシャルワーカーは援助主体であると同時に、クライエントからの働きかけを謙虚に受けていかなければならない。そして、ソーシャルワーカーとクライエントは相互主体的な関係にある。両者には主体的自律性が認められて、初めて社会的存在として位置づけることができる。これはちょっと難しいですね。牛津信忠『社会福祉における相互的人格主義——人間の物象化からの離脱と真の主体化をめざして1』（久美、2008年、55頁）から、ちょっと言葉をお借りしたんですけれど、あまり自分の言葉になっていません。ただ、臨床的関係というものは、どうしても上下関係を免れないので、ソーシャルワーカーとしては、臨床的関係という言葉はあまり使わないようにしたいと思います。

4.　地域とは何か

4.1　臨床とは

　「臨床」ソーシャルワークという言葉がありますね。『臨床ソーシャルワーク』という本もあります。私たちは臨床ではなくて、地域のワーカーなんですね、地域で一緒に生活するワーカーです。じゃあ病院ソーシャルワーカーはどうするか。病院ソーシャルワーカーはもちろん、病院の中の療養の支援という業務があります。ただ、病院の相談室という、あるいは相談関係という密室関係に閉じこもらないでほしい、ということなんですね。だから、どんどん地域に出ていって、地域に何らかの拠点をつくって、そこでも病院のソーシャルワーカーは動いていただきたい。

　もしそういうことをすると、事務長なり院長なりに、「そんなことしてる暇があったら、病院の仕事やれ」と言われるかもしれませんね。そのときは、要するに、地域に視点を置いて、きちっと病院の仕事をやっていくという、そういう姿勢を見つけてほしい。

　さて、臨床という意味について、ここで検討してみましょう。

　私は1980年代いっぱい、いわゆる診断主義に基づくソーシャルワーク論、これを推進してきました。それは、診断主義ですから地域主義ではないわけです。地域の視点というものを持たなかったわけです。ですが、家族ぐらいはやはり視野に入っていたんですね。だから、家族の当事者への影響などを考えて、私は諸学会において、家族のダイナミクス、家族の力動性とか、家族診断といったような論文を書いて報告をしていました。

　当事者に対する家族の抑制の力を強調して、“家族存在悪”説に立ったことがあります。「家族は、患者さんに対して謝りなさい」という小坂理論（小坂英世『患者と家族のための精神分裂病理論』珠真書房、1972年）というのがありました。そういう家族存在悪説に賛成したときもありました。客観的な観察に基づく理解というのも私になかったと思います。時に家庭訪問をしましたが、あまり目的はなかったんです。大体は親というと母親ですが、その母親の

訴えを確認するといった程度の目的でした。父親はもっぱら母親に任せちゃって、自分は仕事に逃げているという状況が多かった。本当はやはり家族全体の協力体制、あるいは家族自体の、家族の中にある問題性、そういうものをみんなで話し合えれば一番よかったんですけれど、そういうことはできなかった。

　家族存在悪説というのは、否定的な面だけではありません。例えばアメリカの社会学者で、フォーゲル（Ezra F. Vogel, 1930-2020）（英語読みではヴォーゲル）という人が、患者っていうのは家族ダイナミクスの犠牲者だということを言っていました。家族はそれなりに妥協したり闘争したりする中で、家族がだんだん、だんだん生活を進めていく上で困難にぶち当たる。すると、その困難を「あいつのせいだ」と言ったりする。「あいつのせいで」といけにえにされた人、家族力動の犠牲者が、精神病に仕立て上げられる。精神病院に行くとそういう人たちがおられて、残された家族はバランスを失ってしまうから、かえってまた葛藤が起こってくる。また退院して家に帰ってくると、「お前が悪いんだ」ということで、家族はバランスをとる、といったことが家族存在悪、あるいは力動的家族疾病ということです。

　フォーゲル自身、国立精神衛生研究所の社会学部に来て、「日本の家族」という論文を書いています。研究所だけでなく、自分も実際コミュニティに住んで、近所の人たちと付き合いながら、「お宅で喧嘩することありますか」と。「しょっちゅう喧嘩してます」。「どんな感じで喧嘩するんですか」と。それで「こんど本当に来てくださいよ」と言われたけれど、実際の喧嘩場面になかなか遭遇できなかったらしい。後でお母さんから、「うちの夫はああだこうだ」と盛んに悪口を聞いた。あんまり一方的なものだから、夫からも話を聞くようにした、そういう家族研究がありました。

　「臨床」に戻ります。かつての私は、家族が精神障害者を抱えて地域に暮らす苦悩には目を向けなかった、相談室という、密室性の中での相談にすぎなかった。相談室というのは密室だったんです。やはり地域に出ていかなければいけないんです。「臨床」ソーシャルワークというのは、そういう密室におけるソーシャルワークで、やはりそれが実態なんです。背景にある**地域性**という

のは、ワーカーの目に入ってこなかった。臨床とかクリニックでは自分の目に入ってこなかった。

「臨床」というのはクリニックという言葉ですね。ギリシャ語で"クリネー"と言います。クリネーというのは、ベッドのことです。ベッドというのは、病者が横になっているところ。そこに健康な人間は存在しません。したがって、**臨床の対象は、病者・弱者**。そういうわけで、臨床ソーシャルワークというのは、病者・弱者を対象とするという意味合いから、私としては臨床ソーシャルワークという言葉は使いたくない、ということを言っておきます。

4.2　生活者としてのクライエント

病者・弱者でなければ何か。**ソーシャルワークが対象とするのは、生活者としてのクライエント**です。こちらはクライエントを生活者としてみる。支援の対象は生活者だから必ずしも弱者ではない。

社会生活を送る人生経験の中で、何か自分自身に不都合な事件とか、困りごと、あるいは病気、そういうものに対して、自分の中の自我の果たしうる力量を超えて挫折を体験する。これは誰にだって十分ありうることです。精神障害者だからといって特別に枠を組んでそこに投げ込んで、入院させる必要はないわけです。すでに経験済みで慣れていて、どうすればいいかおおよそ見当がつくときには、自分の中で落ち着いて構えることができる。これは**自我親和的**、ego-syntonic と言いますが、自分自身について慣れきった事象には対応し得ますよね。自我親和的、これは土居健郎先生が使った言葉で問題解決に使えます。それに対して**自我異質的**というのは、ego-alien。エイリアンとは、異星人ということです。ひと頃映画がありましたね。自分に異質的なものは、これはなじみのない場面、何かが異質的な事態ですね。こういう場面に遭遇して挫折を経験しても、これまた不自然なことではない。自我異質的であると言います。

このように言葉を変えることによって、病人／病人ではない、弱者／弱者ではないという、そういう従来の**医学モデルからの脱却**を試みているわけです。

4.3 協働関係

ここで、「協働関係」というのを私は導入したいと思っています。いずれにしても、一般理論でクライエントの事情や背景を、自我異質的なソーシャルワーカーが理解できるはずはもともとない。何かわかったような社会診断、家族力動性だとかそういった言葉を使って、理解できるみたいな話だけれど、それはこちらの都合から作り上げた、あるいはこちらの力量の中で整理する仕方にすぎない。本当に理解しているのは私たちじゃなくて当事者たちのはずです。ただ当事者はそれに圧倒されてしまって、ちょっと挫折を体験している最中なのかもしれない。私たちにはそういう程度の理解もなかったのではないでしょうか。全てそういうデータを集めて、これは何何で、これは何、とやってきていた。ちょっと分類してしまう癖があるので、それはやめましょう。

それで、協働理論の必要なゆえんがここにあります。「**相手も主体、こちらも主体。事態を共に探求して、抜け道を探して、その抜け道をたどる協働関係**」というのを私は導入したいと思っているわけです。

精神科医には武器がある。看護師にもあります。ソーシャルワーカーにはないんですね。あえて武器と言うならば、「**クライエントは協働主体である**」と**位置づける「かかわり」だけである**、ということになります。私たちは病院で働いていても、医療従事者ではない。医者はもちろん医療従事者、看護師も医療従事者。ただ私たちは福祉従事者で、対象は生活者としての人間です。患者ではありません。医学的な技術もありません。看護ケアの技法を私たちは持っていないんです。では何があるかというと、クライエントとの協働関係があるだけ。協働という技術があるだけです。

4.4 地域との連携の拠点：トポス

もう一つだけ覚えていただければと思う言葉として、「地域との連携」があります。地域との連携をどうするか、それは「相談室から脱出すること」です。

　相談室から脱出するなんて、他の人は、そんなことできないよって言うかもしれない。いや、なかなかできないね、と。私は病院ソーシャルワークを否定するわけではないです。やはり療養中のクライエントのニーズに応えていく仕事があるわけですから。それはそれでいいと思います。今入院中の患者さんに対して、退院後のクライエントの生活について支援に当たるということも、業務の一部として、病院ソーシャルワーカーには欠かせない大事な業務だと思います。とはいうものの、病院ソーシャルワーカーにとって地域に目をやるということは、どうしても抽象的になりやすいんですね。具体的な視点というのをなかなか持つことができない。

　地域生活を行う退院者について、どういう見方をすればいいか。どこか**拠点**が必要なんですね、退院者には。そういう拠点を病院ソーシャルワーカーとして一緒につくっていく、そういう作業ができるんじゃないだろうか、と思います。この拠点を私は"トポス"と呼んでいます。拠点というと、なにか立てこもって、医療に対応する、ソーシャルワーカーがけしかけるみたいな誤解がありますので、私はあえて拠点という言葉を使いたくないと思っています。それで、皆さんにもトポスという言葉を使っていただきたいなと思います。何となくほっとするような言葉なので。この頃、時々トポスと言う人が増えてきました。少し取り入れてくれているのかなと思います。

　全共闘が構えるような拠点ではなくて、地域の生活を行っていく、送っていく上で仲間が必要だと。「地域の力」という言葉を聞くけれども、きわめて漠然としている。そこにトポスという拠点があって、退院者は初めて安心して生活できる。生活支援に当たるソーシャルワーカーにとっても、拠点がなければ有効な仕事はできません。トポスというのはギリシャ語で、人が生き、人が集まる場所を言います。それを今風に作業所などと言うわけですが、「地域に生活する精神障害者自身もその運営に参画する集会所であり、地域に対する生活者としての発信所でもある」わけです。そういう意味で言えば、「従来からの作業所は典型的なトポスになりうるであろう」ということですね。

　私が理事長のNPO法人けやき精神保健福祉会の「けやき亭」（東京都杉並

区）というレストランおよび喫茶店があります。その辺りにはあまり喫茶店が
ないんです。ですから、地域の人も来てくれるわけですね。そうするとぎこち
ない姿のウエーター、ウエートレスが「いらっしゃい。よくいらっしゃいまし
た」と。この頃、とても上手になっています。最上級の豆を使っていて、コー
ヒーは美味しいし、紅茶の入れ方は専門家からご指導いただいて、美味しいも
のを出しているんです。一回行ってみようかという気持ちで行った人が、「あ
れ。この人たちどんな人なんだろうな」というような好奇心から、また行く。
働いている人たちを町の人たちが見て、「ああ、福祉作業所でそういうこと
やってるんだ。障害者だったんだ」ということが、だんだんわかってくる。そ
ういうような関係にだんだんなっていきます。自らカミングアウトするような
ことはやりません。地域の人の間に自我親和性が高まっていくわけです。そう
すると、ボランティアを志願する人が出てくるんです。月火水木金と1人ず
つ地域のボランティアの人が来てくれるようになったりして、非常に面白いと
思います。

　こうした**地域のネットワークの創生**は、地域における障害者に対する偏見差
別の構造に対し、緩みの契機となります。仲間とともに安心して暮らせ、一度
何か苦悩をいだけば、相談し合える場としてのトポスの存在は、精神障害者が
自閉から抜け出て、再発を経験せずに生活を維持することにつながります。
ソーシャルワーカーは地域で、トポスにおいてこそ**サンクション**（道徳的拘束
力）を受けながら、自らの権力志向をチェックできるわけです。

5. 自立したソーシャルワーカーになるために

　最後に、福祉従事者として常に気をつけていただきたい点をまとめます。

5.1 医師の指示に対して

医師のオーダーに従ってクライエントが最良の療養ができるように、心服す

る、心から服従するという「コンプライアンス」。これは看護者がよく使う言葉ですが、服従することですね。服従するように、心服するように、「薬飲んだ。薬、飲み忘れないようにね」などとクライエントを励ましていた医学モデルの立ち位置から私たちは脱却したい。福祉従事者として何ができるか。そうすると先ほど言いましたように、クライエントとじかに協議する姿勢、これを作り出してもらいたい。

　皆さんはたとえ病院ソーシャルワーカーであっても、自分たちは医学モデルに依拠しない人間、専門性を持っているんだという自覚、これをもう一回自分の中に培っていただきたいということです。

5.2　主治医の指導に対して

　精神保健福祉士法第四一条2に主治医の指導というのがあります。患者の主治医がいるときはその人の指導を受けるということが書いてあります。原則的な手順について、間違っている人が多くないでしょうか。そもそも"真っ先に"主治医の指導、指示を受ける必要と義務があるのか。ありません。

　法律はそこまで踏み込んでいない。では、何が必要か。まずクライエント自身に、ワーカーが自分の不安だとか自分の質問を向けるべきではないか。

　「あの人就労したいって言ってる。自分でももう動き出してハローワークなんかに行ってる。先生大丈夫でしょうか?」。そういう質問は絶対にしてはいけない。医者にわかるはずないんです。医者がわかるのは、今の薬の量じゃちょっと無理だね、という程度のことです。けれど、さっきも述べたように、薬なんていうのはこっちの手のうちの問題で、クライエントはいかようにも、飲み方を工夫しながら生活しているわけですよね。だから主治医にはわからない。そこで、その相談に乗れるようなソーシャルワーカーになってほしい。ですから、まず主治医に指導を仰ぐなということです。聞くのなら、クライエントに聞きなさいよ、ということです。

　自分の不安、「あなた、まだ早すぎるんじゃないかしら」というようなこと

も率直にクライエントに言うわけですね。「そんなことないさ。もう、僕はこんなこともできるし、前みたいに興奮したりしないし。おふくろにだって暴力ふるってないし」、なんていうことを本人がさかんに言う。説明したいと思うんでしょう。そういう話をきちんと要求として聞く。ただあせって就職・就労したいと言ってるわけではないかもしれない。そこで、「ああ、前とずいぶん変わったんだ」というようなことを本人と話し合うことが大事なんです。要するに、ソーシャルワーカーは、こういうことを本人に聞きなさいと言いたいのです。主治医に「先生大丈夫でしょうか。働きたいって言ってるんですけど」ではなく、まず本人に聞くべきです。

5.3 主治医の指導を受けたいと思うなら

　主治医の指導を受けたいと思うなら、手順として①から⑤まであります。①まずクライエントに断ってください。いきなりクライエントが知らない背中の後ろのほうで、主治医とこそこそ話し合わないということ。②クライエントとの間で良い「かかわり」ができていることが前提です。いい加減なかかわりしかないところでは、勝手に医者と相談したりする。そんなことをするというのは、クライエントの人格を尊重しないことと同義です。クライエントの人格を尊重しないということ、これはソーシャルワーカーじゃないんですね。医者や看護者というのはクライエントを尊重しています。けれど、尊重といっても、人格的に尊重しているわけではなくて、医学的看護学的尊重です。人格を尊重していると言いますけれど、本当に尊重しているのは、医学関係・看護関係ですね。③何を主治医に聞きたいのか、その訳をきちんとクライエントに説明する。④クライエントの同意を得る、了承を得る。⑤クライエントからの明確な返事を両者で確認する。ここではこういうふうにしましょうということを確認するわけです。文章にする必要はないですが、そういう言葉、了承を得られた上で、初めて主治医の指導を受けることになります。

5.4　自己覚知とセンス

ソーシャルワーカーに自己覚知とセンスの両方が備わって**感性**となります。下記のポイントを再確認してください。

① 　人の気持ちを受け止め、気持ちを思いやる能力はソーシャルワーカーに必須の資質です。そこには**自己覚知**（ソーシャルワーカーの専門的自己理解）の裏打ちが必要です。同情とは違います。
② 　センスは「かかわり」の経験と厳しい**自己点検**を積まないと身につきません。
③ 　「**想像力**」という資質の涵養が大事です。それは一種のコツにつながりますが、名人芸では困ります。伝達可能なものでなければなりません。
④ 　**スーパービジョン**を活用してください。スーパービジョンは OJT や異職種間のコンサルテーションとは違います。スーパービジョンはソーシャルワーク実践と同様、相互主体的な関係が保たれなければならないものです。
⑤ 　**スーパーバイザー**がいれば最善。先輩でも、同僚でもいいので、「語り」を交わしてください。

おわりに——感謝をこめて

　柏木昭先生は、本文中にも記したように日本における精神医学ソーシャルワーク研究の第一人者であり、先駆的な実践と研究と教育を長年にわたり牽引してこられました。先生の教えの中軸である「かかわりにおける自己決定」は、今も精神保健福祉士の養成課程からベテランの現任者に至るまで、自己検証を重ねる上でも相互研鑽においても繰り返し確認すべき価値であります。そして、精神保健福祉士同士が支え合い切磋琢磨し合う上において、この価値を共有しながら展開される「スーパービジョン」というプロセスは、精神保健福祉士が無資格の PSW（Psychiatric Social Worker）であった時代からの私たちの無形の財産だと思います。

　しかし、「無形」のままでは職人技のように伝承することになりかねません。そこで、あまねく用いられることを願い、この「無形」のスーパービジョンについて、本学総合研究所菊池マネージャーと編集担当の花岡氏の手厚い支援と、人間福祉スーパービジョンセンターの現所長である相川章子先生の尽力によりシリーズ書籍化されました。本書は、その第 2 巻にあたり、畏れ多くも柏木昭先生と私の対談記録をもとにした構成となっています。柏木昭先生が発刊を目前に天に召されたことは残念でなりませんが、だからこそ刊行できたことに感謝の思いでいっぱいです。

　先生と私の対談は2019年 2 月のことでしたが、このたび、逐語記録を何度も読み返して先生のご発言の一つひとつを吟味し、あらためてソーシャルワーク・スーパービジョンについて深く考える時間をいただきました。わかったつもりでいたことについても再考の機会となり、先生が何を伝えようとしてくださっていたのか、スーパービジョンの奥義に迫ることができたように思います。それは、対談冒頭で先生がおっしゃっているように、「スーパービジョン」という語句のイメージさせる「上から」「見る」とか「評価する」「教える」ことではなく、「支える」ことであり「サポートに徹する」姿勢です。ただし、

おわりに

ソーシャルワークの専門性が介在しなければ深い支えには至らない、ここに奥義があります。これからスーパーバイザーになろうとする方もすでにスーパーバイザーとしてご活躍中の方も、そして、スーパービジョンを利用して自身の専門性を磨きたいという方にとっても、この奥義を知ることで「スーパービジョン」に対する新たな発見とともに親近感を増していただけるのではないでしょうか。多くの精神保健福祉士、ソーシャルワーカーの皆さまとともに柏木昭先生の言葉を味わえますことを願います。

　私事ですが、本学人間福祉学部人間福祉学科に非常勤講師として勤め始めたのは2007年のことでした。柏木昭先生が本学の教授でいらっしゃるため精神保健福祉士の間で聖学院大学の名前はよく知られていましたし、私の前任の非常勤講師も柏木先生の門下生代表のお一人（私にとっては大先輩）です。さらに、私が大学を卒業する前からお世話になっていた助川征雄先生は、当時の人間福祉学科長であり、同じく柏木先生のことを師と仰いでおられますし、相川章子教授も柏木先生とは長年の深い師弟関係におられます。こうしたいくつもの縁が連なり、柏木先生との共著が実現したことにあらためて感謝申し上げます。

　本書執筆を通して、私自身は「わかったつもり」にならずにへりくだって注意深く自己点検し続ける姿勢の大切さを再認識させられました。柏木昭先生が本書の制作を通して私に教えようとしてくださった最後のことかもしれません。私の筆が遅く、先生には最終稿をご確認いただけませんでしたが、きっと今、ご覧くださっていることと信じます。先生、ありがとうございました。

2024年1月　　　　田村　綾子

著者紹介

（2023年6月28日撮影　柏木　昭・田村綾子）

柏木　昭（かしわぎ　あきら）

聖学院大学名誉教授、聖学院大学総合研究所名誉教授。聖学院大学人間福祉スーパービジョンセンター顧問。公益社団法人日本精神保健福祉士協会名誉会長。

1927年生まれ。1954年ボストン大学スクール・オブ・ソーシャルワーク卒業、1955〜1987年国立精神衛生研究所、1964年 WHO 研究員として英国留学。同年日本精神医学ソーシャル・ワーカー協会初代理事長。淑徳大学、聖学院大学、聖学院大学大学院人間福祉学研究科教授等を経て、現在、同大学総合研究所名誉教授、同人間福祉スーパービジョンセンター顧問。日本デイケア学会理事長（2005〜2008年）、NPO法人けやき精神保健福祉会理事長（東京都杉並区）。

【主な著書】『ケースワーク入門』（川島書店）、『改訂 精神科デイケア』（編著、岩崎学術出版社）、『新精神医学ソーシャル・ワーク』（編著、岩崎学術出版社）、『スーパービジョン──誌上事例検討を通して』（共著、日本精神保健福祉士協会・へるす

出版）、『ソーシャルワーク協働の思想——"クリネー"から"トポス"へ』（共著、へるす出版）、『みんなで参加し共につくる』（共著、聖学院大学出版会）、『「いま、ここで」のかかわり』（共著、同）、『ソーシャルワーカーを支える人間福祉スーパービジョン』（共編著、同）ほか。

田村綾子（たむら　あやこ）

聖学院大学副学長。聖学院大学心理福祉学部・大学院心理福祉学研究科教授、学部長・研究科長。公益社団法人日本精神保健福祉士協会会長。

明治学院大学大学院社会福祉学専攻博士後期課程満期退学。

専門領域は、精神保健福祉論、ソーシャルワーク論。精神医療分野及び産業保健分野でのソーシャルワーク実践の経験を有し、障害者の地域移行・地域生活支援に関する研究や従事者研修に携わっている。

【主な著書】柏木昭・中村磐男編著『ソーシャルワーカーを支える人間福祉スーパービジョン』（分担執筆、聖学院大学出版会）、『精神保健福祉士の実践知に学ぶソーシャルワーク』シリーズ全4巻（編著、中央法規出版）、『図解でわかる対人援助職のための精神疾患とケア』（共編著、中央法規出版）、『福祉の現場で役立つスーパービジョンの本——さらなる飛躍のための理論と実践例』（共著、河出書房新社）、『かかわりの途上で——こころの伴走者、PSWが綴る19のショートストーリー』（共著、へるす出版）ほか。

相川章子（あいかわ　あやこ）

聖学院大学心理福祉学部心理福祉学科教授、聖学院大学人間福祉スーパービジョンセンター長。博士（人間学、大正大学）。

聖学院大学総合研究所

人間福祉スーパービジョンセンター

背景と経緯

社会福祉の現場で、より良い実践を志すなか、日々、さまざまな戸惑いや、失敗、迷い、揺れに直面することは少なくないでしょう。適切なサポートがなく不安を抱えながら仕事を続ける人や、問題を一人で抱え込み孤立する人、対人援助の中で傷つくなど、夢と希望を抱いて就いた社会福祉の現場で、未来を描けなくなっている人もいるかもしれません。

現実において直面する、このような壁は越えられないものでしょうか。答えは、「NO」です。

ソーシャルワークには、その壁を乗り越え、燃え尽きを防ぐ方法の一つとして、スーパービジョンがあります。福祉の現場で働いている方々に対し、私たちスーパービジョンセンターはスーパービジョンの機会を提供しています。

スーパービジョンとは

スーパービジョンとは、スーパーバイジーの専門的な成長や発達を支援することを目的として行われるソーシャルワーカー同士の肯定的なかかわりです。

スーパーバイザー（熟練のソーシャルワーカー）は、スーパーバイジー（さらなる成長を目指すソーシャルワーカー）が、その能力を最大限に生かしてよりよい実践ができるように責任を持って支援を行います。

●———●———●———●———●———●———●———●———●———●———●

人間福祉スーパービジョンセンターでは、福祉の現場で働く方を次のプログラムで支援しています。

【1】　個別スーパービジョン

【2】　グループスーパービジョン

【3】　研修交流会（ピア・スーパービジョン）の開催（年2回程度）

【4】　スーパーバイザー支援制度

聖学院大学総合研究所　人間福祉スーパービジョンセンター
〒362-8585　上尾市戸崎1-1　● URL：https://www.seigresearch.jp/spv/
TEL：048-725-5524　●　e-mail：research@seigakuin-univ.ac.jp

〈人間福祉スーパービジョン研究　2〉

ソーシャルワーク・スーパービジョンの可能性

初版第 1 刷発行　2024年 4 月10日

編　　者　　聖学院大学人間福祉スーパービジョンセンター
著　　者　　柏　木　　昭
　　　　　　田　村　綾　子
発 行 者　　小　池　茂　子
発 行 所　　聖学院大学出版会
　　　　　　〒362-8585　埼玉県上尾市戸崎 1 - 1
　　　　　　Tel. 048-725-9801／Fax. 048-725-0324
　　　　　　E-mail: press@seigakuin-univ.ac.jp
装　　丁　　岸　　和泉
印 刷 所　　三松堂株式会社

◆◇◆　聖学院大学出版会の本　◆◇◆

〈人間福祉スーパービジョン研究〉シリーズ　　Ａ５判

人間福祉スーパービジョン研究 1

精神保健福祉士の専門性構築の経過とスーパービジョン
聖学院大学人間福祉スーパービジョンセンター編
柏木　昭・大野和男・相川章子　著

ISBN978-4-909891-14-3　1800円（本体）

ソーシャルワークの専門性として、常に変化をしつづける社会を見据える視点（「人と状況の全体性」）とともに、その根底には、時代や状況にかかわらず不変である共につくる相互包括的関係性としての「かかわり」と「自己決定」がある。長年にわたり、その重要性を説き、実践してこられた柏木昭、大野和男両先生が、「Ｙ問題」に始まる専門性の構築過程と、そもそも「スーパービジョンとは何か」について語りかける。

〈福祉の役わり・福祉のこころ〉シリーズ　　Ａ５判ブックレット

福祉の役わり・福祉のこころ
阿部志郎　著

ISBN978-4-915832-78-9　【品切れ】
eBook　ISBN978-4-907113-69-8

横須賀基督教社会館元館長・神奈川県立保健福祉大学前学長、阿部志郎氏の講演「福祉の役わり・福祉のこころ」と対談「福祉の現場と専門性をめぐって」を収録。
福祉の理論や技術が発展する中で、ひとりの人間を大切にするという福祉の原点が見失われています。著者はやさしい語り口で、サービスの方向を考え直す、互酬を見直すなど、いま福祉が何をなさなければならないかを問いかけています。感性をみがき、「福祉の心と専門知識に裏打ちされた専門人」をめざしてほしいと。

福祉の役わり・福祉のこころ 2

与えあうかかわりをめざして

阿部志郎・長谷川匡俊・濱野一郎 著

ISBN978-4-915832-87-1　600円（本体）

本書は、「福祉」の原義が「人間の幸福」であることから、人間にとってどのような人生が
もっとも幸福で望ましいものか、またそのために福祉サービスはどのようにあるべきかを福
祉に長年たずさわっている著者たちによって論じられたものです。

阿部志郎氏は、横須賀基督教社会館館長として「愛し愛される人生の中で」と題し、長谷川
匡俊氏は、淑徳大学で宗教と福祉のかかわりを教育する立場から「福祉教育における宗教の
役割」と題し、濱野一郎氏は、横浜寿町での福祉センターの現場から「横浜市寿町からの発
信」と題して、「福祉とは何か」を語りかけます。

福祉の役わり・福祉のこころ 3

とことんつきあう関係力をもとに

岩尾　貢・平山正実 著

ISBN978-4-915832-89-5　600円（本体）

日本認知症グループホーム協会副代表理事であり、指定介護老人福祉施設サンライフたきの
里施設長である岩尾貢氏による「認知症高齢者のケア」、北千住旭クリニック精神科医であり、
聖学院大学総合研究所・大学院教授の平山正実氏による「精神科医療におけるチームワー
ク」を収録。福祉の実践における人へのまなざしとはどのようなものであるべきか。人間の
尊厳、一人一人の生きがいが尊重される実践となるよう、共に暮らす人として相互主体的に
かかわることに、最も専門性が要求されることが語られています。

福祉の役わり・福祉のこころ 4

みんなで参加し共につくる
岸川洋治・柏木　昭　著

ISBN978-4-915832-92-5　700円（本体）

福祉の実践が「人間の尊厳、一人一人の生きがいが尊重される実践」となるためには、社会福祉にたずさわる者は、これからは新しいコミュニティの創造に取り組むべきなのではないでしょうか。横須賀基督教社会館館長の岸川洋治氏は「住民の力とコミュニティの形成」と題して、社会館の田浦の町におけるコミュニティセンターとしての意義を、日本の精神保健福祉に長年尽力し、聖学院大学総合研究所名誉教授・人間福祉スーパービジョンセンター顧問でもある柏木昭氏は「特別講義　私とソーシャルワーク」の中で、ソーシャルワークにかかわる自らの姿勢と、地域における「トポスの創出」とクライエントとの協働について語っています。

福祉の役わり・福祉のこころ 5

生きがいを感じて生きる
日野原重明　著

ISBN978-4-915832-99-4　700円（本体）

101歳になっても生き生きと"生涯現役"を続ける日野原先生！　何が元気の秘訣なのでしょうか？　毎日を「生きがいを感じて生きる」ことこそが答えです。
前半の「なぜホスピスが必要か」は、2008年11月7日の講演をもとに、後半の「いのちの教育」は、2012年5月17日の講演をもとにまとめられています。本書には、自分の人生をしっかりと受け止め、人生を後悔しないための、また、世界の平和を築く人になるための人生の手本、模範が日野原重明先生によって示されています。多くの若者に自分の人生を考える刺激を与え、大人にも、自分自身の人生を振り返りながら、残された人生をどのように生きるかを考える機会を与える内容となっています。

福祉の役わり・福祉のこころ6

「いま、ここで」のかかわり

石川到覚、柏木　昭 著

ISBN978-4-907113-01-8　700円（本体）

石川到覚氏の「宗教と福祉」には、仏教における人間観、仏教福祉の援助にかかわる実践理念と仏教ソーシャルワークの再構築への試みが語られており、柏木昭氏の「特別講義　人間福祉スーパービジョン」は、40年以上にわたるグループスーパービジョンの継続・実践の経験に裏打ちされた内容。一見、異なる考察のように感じられますが、両者とも福祉における「いま、ここで」のかかわりについての考察です。共感から出発して寄り添い、協働していく福祉の姿勢が求められています。